La maison de thé

DU MÊME TRADUCTEUR

Aux éditions du non-agir
www.non-agir.fr
Alexis Brossollet, *Petit dictionnaire français-chinois-français du mandarin pas classique (langage argotique, populaire et familier, insultes & jurons…)*, 2020
Lao She, *La maison de thé* (édition monolingue)
Lu Xun, *Histoires anciennes, revisitées*
Lu Xun, *La véridique histoire d'Ah Q* (éditions monolingue et bilingue)
Ling Mengchu (XVIIe s.), *Les rocambolades de Dragon Flemmard* (XVIIe s.)
Anonyme (XVIIe s.), *De rêves et de fers : les enquêtes surnaturelles du juge Pao*
Divers, *Divagations sur poèmes Tang*
Samuel V. Constant, *Colporteurs des rues de Pékin (1936)*

Série Noire, Gallimard
Chang Kuo-li, *Le Sniper, son wok et son fusil,* thriller, 2021

Denoël
Chan Ho-kei, *Hong Kong Noir,* roman policier (Hong Kong), 2016

Presses de la Cité
Yan Ge, *Une famille explosive,* tragicomédie au poivre du Sichuan, 2017

Éditions Cambourakis
Zuo Ma, *Bus de nuit,* roman graphique, 2020

You Feng, libraire et éditeur
Petit lexique français-chinois des onomatopées, interjections et autres bruits, avec 600 exemples tirés de la littérature chinoise contemporaine, 2010
Divers, *Le Banquet de Hongmen* (BD traditionnelle), 2021
Zhao Yu, *Sept lettres perdues,* roman-reportage, 2022
Divers, *Les martyrs des monts No-Waang* (BD traditionnelle)
Ge Ti & Jiang Dongliang, *Les aventures de Koxinga* (BD traditionnelle)
Chen Lai, *Les valeurs fondamentales de la civilisation chinoise* (philosophie)
Chin Kung, *Connaître le bouddhisme, une éducation au bonheur*
Divers, *Biographie illustrée de Tu Youyou, prix Nobel 2015 de physiologie et de médecine*

Lao She

LA MAISON DE THÉ

Pièce en trois actes

Traduction d'Alexis Brossollet

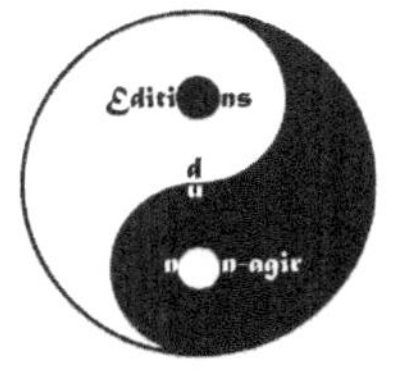

Titre original :

茶馆

par

老舍

(1957)

Pour la présente traduction :
© 2016, éditions du non-agir

Dépôt légal janvier 2017

ISBN 979-10-92475-42-5

TABLE DES MATIÈRES

PRÉSENTATION

LAO SHE[1] est l'un des écrivains chinois les plus populaires du XXe siècle, populaire non seulement parce qu'il reste très aimé des lecteurs un demi-siècle après sa mort, mais aussi parce que son œuvre est presque entièrement dédiée à la description des heurs et malheurs du petit peuple de Pékin dont il est lui-même issu. D'origine mandchoue, orphelin très tôt d'un soldat des Bannières impériales qui a trouvé la mort dans les combats contre les troupes étrangères, c'est enfant qu'il sera témoin, vivant dans la misère, des années de lente agonie de la dynastie Qing et de l'Empire. Et il sera de même concerné au premier chef – par épisodes toutefois, car il passe beaucoup d'années à l'étranger, où il forgera en partie son style d'homme de lettres – par les quatre décennies de guerres et de révolutions en tous genres que subit son pays ; les préoccupations patriotiques se feront de plus en plus présentes dans son œuvre.

Après 1949, confiant comme beaucoup d'intellectuels chinois dans les capacités du nouveau régime à relever le pays, Lao She rédige plusieurs pièces à la gloire du pouvoir communiste et s'autocensure très largement. *La maison de thé* paraît toutefois dans une période plus favorable à la libre expression artistique et politique : la si courte « Campagne des Cent Fleurs », de février à juin 1957. Pleine de nostalgie pour le vieux Pékin, pleine aussi de critique de l'autoritarisme et de la corruption derrière une façade convenue quoique sincère d'approbation des changements

---

[1] Nom de plume ; son véritable nom chinois est Shu Qingchun. Il vient au monde en 1899, quelques mois à peine après l'échec de la Réforme des Cent Jours qui forme le cadre du 1er acte de *La maison de thé*.

politiques, la pièce, au sein de l'œuvre dramatique de Lao She, reste aujourd'hui la plus appréciée du public chinois. Mais elle est aussi sans doute l'une des raisons de la disgrâce qui frappera l'auteur au déclenchement de la Révolution Culturelle. Soupçonné de trop d'indépendance d'esprit et de manque de ferveur, probablement victime aussi de la jalousie d'un groupe d'écrivains plus jeunes et plus engagés encore, Lao She est violemment battu, avec d'autres écrivains et dramaturges, par un groupe de Gardes rouges féminines – des collégiennes fanatisées. Il se noiera, le 24 ou le 25 août, dans le lac de la Grande Paix (aujourd'hui comblé) : les circonstances de son suicide sont encore débattues[2]. Son œuvre, comme lui, disparaîtra du jour au lendemain du catalogue certes fort étroit de la littérature approuvée, et ne sera réhabilitée qu'après Lao She lui-même, à partir de 1978.

Sa mort fera de Lao She un symbole de l'absurdité de la période ; sa vie aussi est représentative des contradictions de l'histoire chinoise du siècle passé. Ainsi, malgré la mort de son père des mains des soldats étrangers, malgré tout ce qu'il pourra reprocher à l'influence étrangère, Lao She a choisi de se convertir dans sa jeunesse à l'anglicanisme et s'intéresse beaucoup à la pensée et à la littérature occidentale (c'est le cas d'ailleurs de nombreux intellectuels de sa génération, proches du mouvement de la Nouvelle culture dit du « 4 mai 1919 »). Dans *La maison de thé*, si l'influence étrangère est bien entendu vilipendée, transparaissent tout aussi bien l'amour des traditions que le pessimisme d'une vision cyclique de l'histoire, la critique d'un ordre social perclus que les doutes sur les solutions toutes faites.

---

[2] La mort de Lao She a elle-même été le prétexte d'au moins deux œuvres littéraires distinctes : une pièce de théâtre, *Le lac Taiping*, par Su Shuyang en 1986, et *La mort de Lao She*, par Liu Xinwu (traduction de Françoise Naour, éditions Bleu de Chine, 2004).

C'est en ce sens que *La maison de thé* est une œuvre éminemment humaine dont le message résonne bien au-delà des ruelles étroites de l'ancienne capitale en voie de disparition.

L'essentiel des œuvres de Lao She, dont ses plus grands romans, a été traduit en français par Paul Bady et par Claude Payen, chez Gallimard et aux éditions Picquier. On pourra se référer utilement au long article de présentation de Lao She et de son œuvre par Mme Brigitte Duzan (sur le site chinese-stories.com) ainsi qu'à l'étude détaillée du contexte et du message de La maison de thé *(mise en parallèle avec* La véridique histoire d'Ah Q *de Lu Xun) par M. Sébastien Veg :* Fiction et démocratie : nouvelle lecture de Lu Xun et de Lao She.

La maison de thé, *malgré son importance dans l'œuvre de Lao She, n'a jusqu'ici fait l'objet que d'une seule traduction en français, non signée, publiée par les Éditions en langues étrangères de Pékin en 1980. Le texte n'est plus depuis longtemps disponible au commerce en France.*

Wang Lifa Vingt ans à peine passés quand nous le rencontrons pour la première fois. En raison de la mort précoce de son père, est devenu très jeune le gérant de la maison de thé Yutai. Intelligent, quelque peu égoïste, mais doté d'un bon fond.

Tang le Devin La trentaine. Physiognomoniste de métier et fumeur d'opium.

Second Aîné Song La trentaine. Beau parleur et poule mouillée.

Quatrième Aîné Chang La trentaine. Il est comme son ami, le second Aîné Song, un habitué de Yutai. Honnête, bien bâti.

Li le Troisième La trentaine. Garçon de salle à Yutai. Consciencieux, bon cœur.

Erdezi Dans sa vingtaine. Au service du Bataillon d'élite du Palais.

Ma le Cinquième Trentenaire. Tyranneau local se prévalant de liens avec les églises étrangères.

Liu le Grêlé Trentenaire. Un entremetteur, cruel et sans pitié.

Kang le Sixième Quarante ans. Un paysan pauvre des faubourgs de la capitale.

Huang le Gros Quarantenaire. Chef de bande.

Qin Zhongyi Propriétaire de Wang Lifa. Dans sa vingtaine au cours du premier acte. Fils de bonne famille, deviendra capitaliste et partisan de la Réforme des Cent Jours.

Le Vieillard   Quatre-vingt-deux ans, indigent.

La paysanne   Trentenaire. Misérable au point de devoir vendre sa petite fille.

La gamine   Dix ans. Fille de la paysanne.

Pang l'Eunuque   Quarante ans. Désireux de prendre femme après avoir fait fortune.

Petit Buffle   Adolescent. Domestique du précédent.

Song Enzi   Dans sa vingtaine. Un policier à l'ancienne.

Wu Xiangzi   Dans sa vingtaine. Collègue du précédent.

Kang Shunzi   Quinze ans dans le premier acte. Fille de Kang le Sixième. Vendue comme épouse à Pang l'Eunuque.

Wang Shufen   La quarantaine dans le second acte. Épouse de Wang Lifa. Plus juste et droite que lui.

L'agent de police   Dans sa vingtaine.

Le petit marchand de journaux   Seize ans.

Kang Dali   Douze ans. Acheté par Pang l'Eunuque pour en faire son fils adoptif. Entre Kang Shunzi et lui, ce sera à la vie à la mort.

Lin   Trentenaire. Un soldat déserteur.

Chen   Trentenaire. Déserteur et frère juré de Lin.

Cui Jiufeng   Quarantenaire. Autrefois membre de l'Assemblée nationale, est entré en religion. Habite dans la pension attenante à Yutai.

L'officier   Trentenaire.

Wang Dashuan   Quarante ans environ, fils aîné du gérant Wang, honnête et droit.

Zhou Xiuhua   Épouse de Dashuan.

Petite Fleur (Wang Xiaohua)   Fille de Dashuan et Xiuhua.

Ding Bao   Dix-sept ans. Hôtesse d'accueil. Courageuse et maligne.

Liu le Grêlé le jeune Trentenaire. Fils de Liu le Grêlé, a repris et fait prospérer les affaires de son père.

L'employé de la compagnie d'électricité Quarantenaire.

Tang le Devin le jeune Trentenaire. Fils de Tang le Devin, a continué dans la voie de son père, mais caresse l'espoir de devenir un Maître céleste taoïste.

Maître Ming Cinquantenaire ; maître queux, traiteur pour banquets.

Zou Fuyuan Quarantenaire, conteur renommé.

Wei Fuxi Trentenaire. D'abord disciple de Zou, s'est reconverti dans l'opéra de Pékin.

Fang le Sixième Colporteur d'articles d'occasion, dans sa quarantaine, sournois.

Che Dangdang Trente ans environ, fait commerce de pièces d'argent.

La quatrième Dame Pang Quarante ans. Laide à faire peur, elle rêve pourtant de devenir Impératrice. Femme du quatrième neveu de Pang L'Eunuque.

Chun Mei Dix-neuf ans. Domestique de Dame Pang.

Vieux Yang Trentenaire. Colporteur.

Erdezi le jeune Trente ans, fils de Erdezi. Homme de main.

Yu Houzhai Quarantenaire. Instituteur, maître de Petite Fleur.

Xie Yongren Trentenaire. Collègue de Yu Houzhai.

Song Enzi le jeune Trentenaire. Fils de Song Enzi, a embrassé la carrière de policier comme son père.

Wu Xiangzi le jeune Trentenaire. Fils de Wu Xiangzi, policier par hérédité.

Petit Cœur   Dix-neuf ans. Hôtesse d'accueil.

Directeur Shen Quarante ans. Chef de bureau à la Police Militaire *(police secrète du Parti Nationaliste)*.

Clients de la maison de thé Tous masculins.

Deux serveurs Masculins également.

Réfugiés   Hommes et femmes, jeunes et vieux.

De trois à cinq soldats.

Pensionnaires de Yutai Tous masculins.

La patrouille   Sept soldats, tous masculins

Quatre agents de la Police militaire, tous masculins.

PREMIER ACTE

Personnages : Wang Lifa, Liu le Grêlé, Pang l'Eunuque, Tang le Devin, Kang le Sixième, Petit Buffle, Second Aîné Song, Huang le Gros, Song Enzi, Quatrième Aîné Chang, Qin Zhongyi, Wu Xiangzi, Li le Troisième, le vieillard, Kang Shunzi, Erdezi, la paysanne, quatre clients de la maison de thé, Ma le Cinquième, la gamine, deux serveurs.

La scène : Pékin, la maison de thé Yutai. Un matin, au début de l'automne 1898. Le mouvement de la Réforme des Cent Jours de Kang Youwei et Liang Qichao vient d'échouer.

De nos jours, ces grandes maisons de thé ont toutes disparu. Il y a quelques décennies de cela, chaque quartier de Pékin en comptait au moins une, où, outre le thé, étaient servis collations et repas simples. Les amateurs d'oiseaux venaient chaque jour s'y reposer après avoir promené leurs passereaux et leurs canaris ; ils y faisaient chanter leurs oiseaux en buvant leur thé. Les hommes d'affaires et leurs intermédiaires y venaient aussi. À cette époque, il y avait souvent des bagarres entre bandes, mais il y avait toujours des amis pour s'interposer et réconcilier les deux camps ; des dizaines d'hommes de main se pressaient autour de ces médiateurs et ça discutaillait ferme. Puis tout le monde buvait une tasse de thé et avalait un bol de « nouilles à l'entrelardé de porc » (une spécialité de ces grandes maisons, bon marché et rapide à préparer), ce qui facilitait grandement l'arrêt des hostilités. En résumé, ces maisons étaient de leur temps des endroits très importants, et on s'y rendait, avec ou sans raison valable, pour y passer le temps.

Là, on pouvait entendre les nouvelles les plus folles, comme la façon dont une grosse araignée s'était — on ne sait où — transformée en démon et avait été frappée par la foudre. On pouvait y écouter les opinions les plus bizarres, comme l'idée de transformer tout le littoral en un immense rempart pour empêcher le débarquement des armées étrangères. Là, on pouvait entendre parler du nouvel air d'un chanteur quelconque de l'opéra de Pékin, ou bien de la meilleure façon de faire chauffer l'opium. Et on pouvait aussi y admirer les bibelots récemment acquis par les clients : un pendant d'éventail en jade tout juste sorti de terre, ou bien une tabatière à priser tricolore. C'était vraiment un endroit important, qui pouvait même être considéré comme un centre d'échanges culturels.

Nous allons maintenant voir l'une de ces maisons de thé.

Juste après l'entrée se trouvent le comptoir et la cuisinière — pour simplifier un peu les choses, on ne fera pas figurer la cuisinière sur notre scène ; il suffit qu'il y ait dans les coulisses des bruits de casseroles et de cuillères. La pièce est immense et haute de plafond ; des tables carrées et d'autres longues y sont disposées ainsi que des bancs et des tabourets traditionnels caractéristiques de ce genre d'établissement. On peut voir la cour de derrière par chaque fenêtre : un abri y est installé, lui aussi garni de tables et de bancs. Dans la pièce ainsi que sous l'abri, il y a des endroits prévus pour suspendre les cages à oiseaux, et partout des affiches collées aux murs proclament « Ici on ne parle pas politique ».

Deux clients dont on ignore le nom, les yeux plissés, secouent la tête et fredonnent un air en battant la mesure avec des claquoirs. Deux ou trois autres clients — anonymes eux aussi — admirent un grillon dans un petit pot de terre, absolument fascinés. Song Enzi et Wu Xiangzi, tous deux vêtus de longues robes grises, discutent à voix basse ; tout dans leur allure trahit des policiers en civil.

Aujourd'hui, il y a encore eu une dispute, dont il se dit qu'elle est née à propos d'un simple pigeon ; le genre de différend qui, une fois lancé, ne peut normalement être résolu que par les armes. Mais s'il y avait vraiment eu début de bagarre, il y aurait sûrement eu mort d'homme, car parmi les hommes de main recrutés pour l'occasion se trouvent des costauds du Bataillon d'élite du Palais et des gardes des entrepôts impériaux, tous de rudes combattants. Heureusement, il n'y a pas eu bagarre, car avant que les deux camps ne fassent converger leurs troupes, un médiateur était déjà intervenu. Maintenant, tout le monde se retrouve ici. Les combattants arrivent par groupes de deux ou trois, tous court-vêtus et arborant un regard furibond, et se rendent dans la cour.

Ma le Cinquième est assis seul dans un coin pour ne pas attirer l'attention, et boit du thé.

Wang Lifa est assis en hauteur derrière son comptoir.

Tang le Devin arrive en traînant les pieds, habillé d'une tunique de coton très longue et très sale.

Wang Lifa   Qui voilà ? Monsieur Tang !... Que diriez-vous d'aller voir ailleurs si j'y suis ?

Tang le Devin   *(Avec un pâle sourire)* Patron, soyez bon avec Tang le Devin ! Offrez-moi un bol de thé et je vous lis votre destin… Montrez-moi votre main, ça ne vous coûtera pas un sou ! *(Sans laisser Wang répondre, il lui prend la main)* Nous sommes dans la vingt-quatrième année du règne de Guangxu… une année *wuxu*, la trente-le Cinquième du cycle sexagésimal. Quant à votre âge…

Wang Lifa   *(En retirant sa main)* Suffit ! Voilà votre bol de thé, pas la peine de me servir votre boniment. Ça ne sert à rien de connaître l'avenir : on est tous destinés à en baver en ce bas monde. *(Il sort de derrière le comptoir et fait asseoir Tang)* Asseyez-vous ! Moi, je vais vous dire : si vous n'arrêtez pas l'opium, vous allez mal finir. La voilà, ma façon de prédire l'avenir ! Bien meilleure que la vôtre !

(Le second Aîné Song et le quatrième Aîné Chang arrivent avec leurs cages à oiseaux. Wang Lifa leur adresse un salut. Ils commencent par suspendre leurs cages puis cherchent un endroit où s'asseoir. Song est d'allure élégante, il porte une petite cage à canari ; Chang a un air

plus martial et il a une cage pour grive, haute et large. Li le Troisième, le garçon de salle, accourt et verse de l'eau chaude dans leurs tasses à couvercle. Ils ont amené leurs propres feuilles de thé. Une fois leur thé infusé, Song et Chang en offrent à leurs voisins.)

Song, Chang   Goûtez-moi ça !

(Puis, en jetant un coup d'œil vers la cour :)

Second Aîné Song   On dirait qu'il y a un problème ?

Quatrième Aîné Chang   Tu parles qu'ils vont se battre ! S'ils le voulaient vraiment, ils seraient depuis longtemps allés faire un petit tour au-delà des murailles ; que feraient-ils ici ?

(Erdezi, l'un des hommes de main, rentre pile à ce moment et entend la réponse de Chang.)

Erdezi   *(Venant vers eux)* Hé, toi ! de qui tu causes comme ça ?

Quatrième Aîné Chang   *(Ne voulant pas se montrer faible)* C'est à moi que tu parles ? J'ai payé mon thé, je ne demande rien à personne.

Second Aîné Song   *(Jaugeant Erdezi)* Je présume que… Monsieur est au service du Bataillon d'élite du Palais ? Venez vous asseoir et prenez une tasse de thé ; ne sommes-nous pas tous pas des gentilshommes ?

Erdezi   Service ou pas, de quoi j'me mêle !

Quatrième Aîné Chang   Pour jouer les gros bras, mieux vaut aller se frotter aux étrangers : voilà des adversaires valables ! Quand les Anglais et les Français ont brûlé le Palais d'Été, votre honorable père était bien déjà du Bataillon ? On ne l'a pourtant pas beaucoup vu sur le champ de bataille !

Erdezi   Pour les étrangers on verra… je vais commencer par te donner une bonne leçon !

(Il veut se battre. Les autres clients font comme si de rien n'était. Wang Lifa accourt en hâte.)

Wang Lifa Mes frères, nous sommes tous des voisins, des amis ! Nous pouvons discuter tranquillement ! Monsieur De, on vous attend dans la cour.

(Erdezi ne l'écoute pas et d'un geste brusque, il jette à terre l'un des bols, qui se brise. Puis il tente d'agripper le col de Chang)

Quatrième Aîné Chang *(En esquivant)* Tu me cherches ?

Erdezi Quoi qu'est-ce ? P't'être que j'peux pas m'taper les étrangers, mais j'peux bien te faire ton affaire !

Ma le Cinquième *(Sans quitter sa place)* Erdezi, arrête ton char !

Erdezi *(Balaye la salle du regard, aperçoit Ma)* Ah ! Cinquième aîné Ma, vous étiez là ! J'ai de la merde dans les yeux, j'vous avais pas vu ! *(Il s'avance pour lui présenter ses respects.)*

Ma le Cinquième Si tu as un problème, parles-en ! Pourquoi toujours en venir aux mains pour un oui ou pour un non ?

Erdezi Affirmatif ! Vous avez raison. Je vais m'asseoir à l'arrière. Li le Troisième, l'addition de cette table est pour moi ! *(Il se dirige vers la cour.)*

Quatrième Aîné Chang *(Se rapprochant, veut se plaindre à Ma)* Monsieur, vous qui me paraissez sage, n'étais-je pas dans mon bon droit ?

Ma le Cinquième *(Se levant)* J'ai à faire, au revoir. *(Il sort)*

Quatrième Aîné Chang *(À Wang Lifa)* Hein ? Dites donc, il est bizarre ce type !

Wang Lifa Vous ne l'avez pas reconnu ? C'est Ma le Cinquième ! Si ça se trouve vous l'avez offensé.

Quatrième Aîné Chang Offensé, moi ? J'aurais dû choisir un jour plus propice pour sortir de chez moi…

Wang Lifa	*(À voix basse)* Ce que vous avez dit sur les étrangers… eh bien, il bouffe de leur pain ! Il croit en leur dieu, il parle leur langue ; et s'il a un problème il peut aller tout droit voir le magistrat de Wanping ! Sinon, comment expliquer que même les sbires du Palais n'osent s'y frotter…
Quatrième Aîné Chang	*(Retourne à sa place)* Hmmf ! Les types à la botte des étrangers, je ne les admire pas !
Wang Lifa	*(En inclinant la tête en direction de Song Enzi et Wu Xiangzi, et toujours à voix basse)* Faites un peu gaffe à ce que vous dites ! *(À voix haute)* Li le Troisième, viens resservir de l'eau chaude par ici ! *(Il ramasse les débris de la tasse par terre.)*
Second Aîné Song	Combien valait-elle, la tasse ? Je vous la paye. Les gentilshommes ne sont pas mesquins !
Wang Lifa	Rien ne presse, on fera les comptes plus tard. *(Il s'éloigne.)*

(Liu le Grêlé, le pourvoyeur, rentre, sur les talons de Kang le Sixième. Il salue d'abord Song et Chang.)

Liu le Grêlé	Vous êtes bien matinaux aujourd'hui ! *(Il sort une petite tabatière de sa poche, en verse un peu de tabac)* Essayez-moi ça ! Ça vient d'arriver, c'est du vrai anglais : pur et délicat à la fois.
Quatrième Aîné Chang	Aya ! Même notre tabac à priser doit être importé ? Ça en fait de l'argent qui s'écoule hors du pays !
Liu le Grêlé	S'il y a un truc qui ne manque pas dans notre grand empire Qing, c'est bien l'or et l'argent. On pourra jamais tout dépenser. Ne bougez pas d'ici, j'ai une petite affaire à régler. *(Il emmène Kang à une table libre.)*

(Li le Troisième s'approche avec une tasse de thé)

Liu le Grêlé   Alors, qu'en dis-tu ? Dix taëls d'argent, ça marche ? Décide-toi vite ! Je suis occupé, j'ai pas de temps à perdre avec toi.

Kang le Sixième   Monsieur Liu ! Une grande fille de quinze ans, elle vaudrait que dix taëls ?

Liu le Grêlé   Si tu la vendais à un bordel, t'en tirerais peut-être un ou deux taëls de plus, mais c'est toi qui veux pas !

Kang le Sixième   Mais c'est ma propre fille ! Je peux pas…

Liu le Grêlé   T'as une fille, mais t'es incapable de l'élever ! La faute à qui ?

Kang le Sixième   C'est parce qu'au village y'a plus moyen de rien tirer de nos champs ! Si on pouvait avoir rien qu'un bol de bouillie à la maison... Vous croyez que j'en serais réduit à vendre ma fille ? Je serais qu'un moins que rien !

Liu le Grêlé   Vos histoires de paysans, c'est pas mes oignons. Tu m'as confié une mission, je te sors de la mouise, et je m'arrange pour trouver à ta fille un endroit où elle mangera à sa faim. C'est pas beau, ça ?

Kang le Sixième   À qui vous la donnez, en fin de compte ?

Liu le Grêlé   Dès que je te l'aurais dit, ça va te faire chaud au cœur… À un officiel du Palais !

Kang le Sixième   Quel genre d'officiel du Palais voudrait d'une petite paysanne ?

Liu le Grêlé   C'est dire si elle en a de la chance, ta fille !

Kang le Sixième   Qui c'est ?

Liu le Grêlé   C'est Pang, le grand intendant ! T'as quand même entendu parler de l'intendant Pang ? Il sert l'Impératrice, y'a pas plus en faveur que lui en ce moment. Chez lui, même les flacons à vinaigre sont en agate !

Kang le Sixième Seigneur Liu ! Donner ma fille pour en faire la femme d'un eunuque, c'est indigne !

Liu le Grêlé Quand tu vends ta fille, tu la vends. C'est indigne quel que soit le client, espèce de vieux crétin ! Essaye de comprendre : dès qu'elle aura franchi les portes de sa résidence, elle s'empiffrera de sucreries et elle s'habillera de soieries. C'est pas de la chance, ça ? N'importe comment, tu peux secouer la tête tant que tu veux, c'est pas une réponse. Décide-toi !

Kang le Sixième Y'a jamais, jamais eu… Il n'en donne que dix taëls ?

Liu le Grêlé Que dix taëls ? C'est plus que ce qu'on trouverait en retournant tout ton village ! À la campagne, on achète un enfant pour cinq livres de farine blanche. Me fais pas croire que tu l'ignores !

Kang le Sixième Je… ah ! Je dois en parler avec elle !

Liu le Grêlé Je te préviens : c'est une occasion unique. Si tu la rates, ne viens pas te plaindre. Va, mais reviens vite !

Kang le Sixième D'accord ! Je reviens de suite !

Liu le Grêlé Je t'attends ici.

(Kang sort lentement.)

Liu le Grêlé *(Retourne voir Song et Chang)* Avec ces campagnards c'est toujours toute une histoire, ils sont jamais contents !

Second Aîné Song La transaction doit être assez juteuse ?

Liu le Grêlé Ça casse pas des briques…. Si ça marche, je devrais en tirer, quoi… une commission d'une pièce d'argent.

Quatrième Aîné Chang Qu'est-ce qu'il se passe donc à la campagne ? Qu'est-ce qui peut bien les amener à vendre leurs enfants ?

Liu le Grêlé   Qu'est-ce que j'en sais ! Quoi qu'il en soit, il faut avoir été chien dans une vie antérieure pour renaître à Pékin.

Quatrième Aîné Chang   Monsieur Liu, c'est un cœur de pierre que vous avez, pour vous livrer à ce genre d'affaires.

Liu le Grêlé   Si je m'en occupais pas, ils trouveraient probablement pas d'acheteur ! *(Changeant brutalement de sujet)* Monsieur Song *(Il tire une petite montre de gousset de sa poche)*, regardez-moi ça !

Second Aîné Song   *(Il prend l'objet)* Quelle belle montre !

Liu le Grêlé   Écoutez bien : elle fait tic-tac tic-tac !

Second Aîné Song   *(Il écoute)* Combien vaut-elle ?

Liu le Grêlé   Vous l'aimez ?… Elle est à vous ! En deux mots comme en cent : cinq taëls. Et si vous vous en lassez et qu'vous en voulez plus, je la reprends et je vous rends l'argent. Mais elle est vraiment impeccable, c'est le genre de truc qu'on passe aux générations suivantes !

Quatrième Aîné Chang   Moi je me demande quand même… Combien doit-on porter d'articles étrangers sur soi ? Vieux Liu, regardez-vous : une tabatière étrangère, une montre étrangère, une robe en satin étranger, et même votre veste et votre pantalon sont en tissu étranger !

Liu le Grêlé   Mais c'est parce que les produits étrangers sont bien plus chouettes ! Si je portais des habits en tissu local, j'aurais l'air d'un bouseux et personne me prendrait au sérieux !

Quatrième Aîné Chang   J'ai toujours trouvé que nos propres satins et notre soie du Sichuan étaient bien plus élégants.

| **Liu le Grêlé** | Monsieur Song, je vous laisse la montre. De nos jours, ça vous classe tout de suite un homme de porter un petit bijou occidental comme celui-ci. Pas vrai ? |

Liu le Grêlé | Monsieur Song, je vous laisse la montre. De nos jours, ça vous classe tout de suite un homme de porter un petit bijou occidental comme celui-ci. Pas vrai ?

Second Aîné Song *(Qui aime beaucoup la montre mais la trouve un peu chère pour ce qu'elle est)* Je…

Liu le Grêlé Allez, gardez-la deux jours, vous me paierez plus tard !

(Huang le Gros rentre dans le magasin.)

Huang le Gros *(Il souffre d'un trachome aigu et ne voit pas bien. Il salue dès son entrée)* Mes frères, regardez-moi ! Je vous présente mes respects ! Entre frères, ne nous querellons pas !

Wang Lifa Ceux que vous cherchez ne sont pas là ; ils sont tous dans l'arrière-cour.

Huang le Gros Je n'y vois vraiment pas clair ! Patron, servez-moi un bol de nouilles au porc. Quand Huang le Gros est là, la bagarre s'en va ! *(Il s'avance dans la salle.)*

Erdezi *(En venant l'accueillir)* Tout l'monde est là, venez vite ! *(Ils passent dans la cour.)*

(Les garçons de salle vont et viennent avec de l'eau chaude pour les clients de la cour. Le Vieillard rentre, avec des cure-dents, des peignes à barbe, des cure-oreilles et d'autres ustensiles de ce genre ; la tête baissée, il s'approche lentement des clients. Personne ne lui achète rien. Il veut aller dans la cour, mais Li le Troisième l'arrête.)

Li le Troisième Grand-père ! Allez plutôt faire un tour dehors. Là derrière, ils parlent affaires, personne ne va rien vous prendre ! *(Il en profite pour lui offrir un bol de thé.)*

Second Aîné Song *(À voix basse)* Li le Troisième ! *(Il pointe la cour du doigt)* Pourquoi sont-ils à couteaux tirés comme ça ?

Li le Troisième *(À voix basse)* J'ai entendu dire que c'était à propos d'un pigeon… un pigeon de Machin qui est allé chez Truc et que

| | Truc n'a pas voulu rendre… Ah, n'en parlons pas trop. *(Au vieillard)* Grand-père, quel âge avez-vous ?

Le Vieillard *(Après avoir bu son thé)* Merci bien ! J'ai quatre-vingt-deux ans, et tout le monde s'en fout ! À notre époque, un être humain ne vaut même pas un pigeon… Aya ! *(Il sort à petits pas.)*

(Qin Zhongyi rentre, sur son trente-et-un, l'air satisfait.)

Wang Lifa Ayo ! Monsieur Qin, vous avez trouvé le temps de songer à nous rendre une petite visite ? Et sans valet encore !

Qin Zhongyi Jeune homme, je viens faire un tour pour voir si vous vous en tirez.

Wang Lifa Ah, j'apprends sur le tas. Il le faut bien puisque c'est de cela que je vis ! Avec Papa qui est mort si tôt, ai-je moyen de faire autrement ? Heureusement que les habitués sont tous de ses vieux amis, qui veulent bien fermer les yeux et ne pas trop se plaindre alors que je ne suis pas tout à fait au point. Quand vous vivotez du bon vouloir de vos voisins, c'est très important de bien s'entendre avec eux ! Je suis la tradition de mon père : être poli, saluer bien bas, s'efforcer de faire plaisir aux gens. Tout devrait bien se passer ! Asseyez-vous, je vous sers un thé de feuilles jeunes…

Qin Zhongyi Je ne veux ni boire, ni m'asseoir.

Wang Lifa Prenez donc place un moment ! Vous me feriez beaucoup d'honneur.

Qin Zhongyi D'accord, d'accord ! *(Il s'assied)* Inutile de me passer la brosse à reluire, hein !

Wang Lifa Li le Troisième, viens nous servir une tasse, et du meilleur ! Monsieur, tout va

	bien chez vous ? Vos affaires marchent comme vous voulez ?
Qin Zhongyi	Pas si bien que ça !
Wang Lifa	De quoi vous plaignez-vous ? Avec toutes vos entreprises, vous avez le petit doigt plus gros que ma taille !
Tang le Devin	*(S'approchant)* Ce gentilhomme présente des traits tout à fait favorables… le front plein, le menton carré… Ça ne fera pas de vous un Premier ministre, mais vous ferez quand même fortune…
Qin Zhongyi	Écarte-toi ! Sors d'ici !
Wang Lifa	Monsieur Tang, vous avez assez bu de thé, vous avez à faire ailleurs ! *(Il le repousse doucement.)*
Tang le Devin	Aya ! *(Il sort, tête pendante.)*
Qin Zhongyi	Jeune Wang, ne devrais-je augmenter votre loyer ? Le peu que votre père me donnait toutes ces années, ça ne me paye même pas le thé que je bois.
Wang Lifa	Monsieur, vous avez bien raison, oui ! Mais il est inutile de vous soucier de ces détails, envoyez-moi l'un de vos intendants, j'en discuterai avec lui. Et je me plierai volontiers à l'augmentation qui aura été décidée. Oui ! Faisons comme ça !
Qin Zhongyi	Ah, jeune homme, vous êtes encore plus rusé que votre père ne l'était ! Hmmf, attendez donc, je finirai bien un jour par récupérer cet immeuble.
Wang Lifa	Inutile de vous amuser à me faire peur. Je sais combien vous vous inquiétez de moi et me chérissez ; pourriez-vous accepter que je sois obligé d'aller vendre du thé dans la rue en trimballant une théière géante sur une palanche ?

Qin Zhongyi   Vous verrez bien !

(Une paysanne rentre en tirant une gamine d'une dizaine d'années. La petite fille a des brins d'herbe fichés dans sa chevelure, indiquant qu'elle est à vendre. Li le Troisième pense un moment à les empêcher d'entrer, mais il en a le cœur serré et les laisse passer. Toutes deux s'avancent lentement ; tous les clients s'arrêtent soudain de rire et de parler et les contemplent.)

La gamine   *(En s'arrêtant au milieu de la salle)* M'man, j'ai faim ! J'ai faim ! *(Sa mère la regarde, hébétée, puis est prise d'une soudaine faiblesse dans les jambes et s'assied par terre. Elle se couvre le visage et se met à sangloter.)*

Qin Zhongyi   *(À Wang Lifa)* Chassez les d'ici !

Wang Lifa   Bien sûr ! Allez, sortez ! Vous ne pouvez pas vous asseoir ici !

La paysanne   Qui donc ici aura du cœur ! Qui veut cette enfant ? Deux taëls d'argent !

Quatrième Aîné Chang   Li le Troisième, prépare deux bols de nouilles au porc et sers-leur à manger dehors.

Li le Troisième   Tout de suite ! *(S'approche et dit à la paysanne)* Levez-vous et attendez-moi près de la porte, je vous apporte vos nouilles.

La paysanne   *(Se relève, essuie ses larmes et se dirige vers la sortie, comme si elle oubliait l'enfant. Mais elle n'a pas fait deux pas qu'elle se retourne, prend sa fille dans les bras et l'embrasse)* Mon bébé ! mon trésor !

Wang Lifa   Et plus vite que ça !

(La paysanne et la gamine sortent. Peu après, Li le Troisième sort avec deux bols de nouilles.)

Wang Lifa   *(S'approche de Chang)* Monsieur Chang, c'est bien d'un homme vertueux comme vous de leur offrir à manger. Mais laissez-moi vous dire : il y en a trop des comme eux, beaucoup trop ! Personne ne peut résoudre ce problème à lui seul ! *(À Qin Zhongyi)* N'ai-je pas raison, Monsieur ?

Quatrième Aîné Chang   *(À Song)* Mon vieux Song, je crois bien que notre Grand Empire Qing est proche de sa fin !

Qin Zhongyi   *(D'un ton hautain)* Proche de la fin ou pas, en tout cas ce n'est pas le fait d'offrir un bol de nouilles aux indigents qui en décidera. Petit Wang, en vérité, je songe vraiment à reprendre cet immeuble !

Wang Lifa   Ne faites pas ça, Monsieur !

Qin Zhongyi   Et non seulement je vais le récupérer, mais je vais aussi vendre toutes mes terres et tous mes commerces en ville.

Wang Lifa   Mais pourquoi ça ?

Qin Zhongyi   Pour rassembler tous mes capitaux et ouvrir une usine.

Wang Lifa   Une usine ?

Qin Zhongyi   Oui, une usine énorme, gigantesque ! Il n'y a que ça qui permettra de porter secours aux pauvres, de limiter l'afflux de produits étrangers et de sauver le pays ! *(Il parle à Wang, mais c'est Chang qu'il regarde)* Ah, pourquoi donc vous raconté-je tout ça, vous ne pouvez pas comprendre !

Wang Lifa   Mais alors vous allez vous délester de toute votre fortune pour le bien d'autrui, au mépris de vous-même !

Qin Zhongyi   Vous ne comprenez rien ! C'est le seul moyen de fortifier notre patrie. Bon, je dois y aller. J'ai constaté de mes propres yeux que vos affaires ne marchaient pas trop mal ; n'essayez plus de m'escroquer en refusant d'augmenter le loyer !

Wang Lifa   Attendez, je vous appelle une voiture.

Qin Zhongyi   Inutile, j'ai une petite envie de balade.

(À l'entrée, il croise Petit Buffle, qui soutient Pang l'Eunuque. Ce dernier porte une pipe à eau.)

Pang l'Eunuque Ah ! Monsieur Qin !

Qin Zhongyi Seigneur Pang ! J'imagine que vous vous sentez un peu plus tranquille ces jours-ci ?

Pang l'Eunuque À qui le dites-vous ! La Grande Paix est revenue, l'édit impérial est tombé, et Tan Sitong[3] va avoir la tête coupée ! Je vous le dis, qui osera tenter de mettre à bas le monde que nous ont légué nos ancêtres finira par perdre la tête !

Qin Zhongyi Je ne le sais que trop bien !

(Tous les clients font soudain silence et les écoutent en retenant leur respiration.)

Pang l'Eunuque Monsieur, vous êtes quelqu'un d'intelligent, comment auriez-vous fait fortune autrement !

Qin Zhongyi Fortune ? Quelle fortune ?

Pang l'Eunuque Seriez-vous par trop modeste ? Voyez-vous, tout Pékin connaît Qin le second Aîné ! Vous avez plus de pouvoir qu'un mandarin ! Mais j'ai entendu dire qu'un certain nombre de gens fortunés soutenaient la réforme ?…

Qin Zhongyi C'est trop d'honneur, le peu de prestige que j'ai n'arrive pas à la cheville du vôtre ! Ha ha ha !

Pang l'Eunuque Bien dit ! Et après tout, chacun doit suivre son propre chemin ! Ha ha ha !

Qin Zhongyi Je passerai vous saluer l'un de ces jours. Au revoir ! *(Il sort.)*

Pang l'Eunuque *(Dans sa barbe)* Hnng ! Pour qu'un petit parvenu dans son genre ose me donner

---

3 Tan Sitong, 1865-1898, l'un des meneurs de la Réforme des Cent Jours. Exécuté avec cinq autres réformistes.

| Wang Lifa | la réplique, il faut que les temps aient vraiment changé ! *(À Wang Lifa)* Liu le Grêlé est-il dans le coin ?
| **Wang Lifa** | Monsieur l'Intendant, reposez-vous donc un peu à l'intérieur. |

(Liu le Grêlé a depuis longtemps repéré Pang, mais il n'osait pas l'approcher, craignant de déranger Pang et Qin pendant leur dialogue.)

| **Liu le Grêlé** | Ah, Monseigneur ! Que le sort vous soit favorable ! Je vous attendais depuis un bon moment. *(Il soutient Pang pour le faire rentrer.)* |

(Song Enzi et Wu Xiangzi viennent présenter leurs respects à Pang, qui leur glisse quelques mots aux oreilles.)

(Après quelques instants de silence, s'élève un grand brouhaha.)

Client A	Qui c'est, ce Tan Sitong ?
Client B	Ce nom me dit quelque chose ! Il faut croire qu'il a commis un grand crime, sinon, il n'y a pas de raison qu'on l'ait décapité !
Client C	Depuis deux ou trois mois, il y avait des mandarins et des lettrés qui ruaient dans les brancards à tout va. Comment saurions-nous quelle mouche les avait piqués !
Client D	Ouais ! Mais en tout cas, ma solde en fin de mois est de nouveau assurée[4] ! Ce dénommé Tan, et puis ce Kang Youwei, c'est pas eux qui avaient déclaré que quelle que soit leur condition, les soldats des bannières devaient trouver le moyen de gagner leur vie ? Quelle atroce mesquinerie !
Client C	Notre solde ? Il y en a bien la moitié que les huiles se foutent dans la poche ! Et on

---

[4] Les hommes d'origine mandchoue disposaient d'un revenu garanti (solde et pension), car l'obligation de servir dans les troupes impériales (système des Huit Bannières) les empêchaient d'exercer un autre métier.

	en est réduits à jouer les traîne-misère !
Client D	La moitié qui reste, c'est mieux que rien ! Et puis mieux vaut toujours vivre comme un chien que de mourir en héros. Moi, travailler ! J'en crèverais, pour sûr !
Wang Lifa	Mes chers clients, mieux vaudrait éviter de parler des affaires de l'État.

(Tout le monde se calme, et bientôt reprennent les conversations d'ordre plus privées.)

| **Pang l'Eunuque** | *(Déjà assis)* Comment ? Tu veux deux cents taëls pour une gamine de la campagne ? |
| **Liu le Grêlé** | *(Debout à ses côtés, prêt à le servir)* De la campagne, certes, mais très mignonne ! Une fois qu'elle sera chez vous, bien habillée, bien dressée, elle sera sûrement très jolie, et respectueuse par-dessus le marché ! J'ai traité cette affaire pour vous mieux que je ne l'aurais fait pour mon propre père, j'ai tout fait au petit poil ! |

(Tang le Devin refait son apparition.)

Wang Lifa	Devin, qu'est-ce que tu fais encore là ?
Tang le Devin	C'est plein de soldats qui s'agitent dans tous les sens là-dehors, je ne sais pas ce qui se passe !
Pang l'Eunuque	Sans doute sont-ils à la recherche des derniers restes de la clique de Tan Sitong ? Tang le Devin, ne t'inquiète pas, personne ne va t'arrêter !
Tang le Devin	Certes, Monsieur l'Intendant ; et si vous m'accordiez quelques bouffées de votre pipe, ma vie prendrait décidément un tour nouveau !

(Plusieurs clients se glissent vers la sortie, comme s'ils s'attendaient à une catastrophe imminente.)

| **Second Aîné Song** | Partons ! Il se fait tard ! |
| **Quatrième Aîné Chang** | Oui, allons-y. |

(Deux hommes vêtus de gris s'approchent – il s'agit de Song Enzi et de Wu Xiangzi.)

Song Enzi   Un moment !

Quatrième Aîné Chang   Qu'y a-t-il ?

Song Enzi   Tu ne viendrais pas par hasard de déclarer que « le grand empire Qing était proche de sa fin » ?

Quatrième Aîné Chang   Moi ? Mais je l'aime, notre empire ! C'est que je *crains* qu'il ne s'effondre !

Wu Xiangzi   *(À Song)* Tu l'as entendu ? C'est ça qu'il voulait dire ?

Second Aîné Song   Mes frères, nous venons tous les jours dans cette maison de thé. Le gérant Wang le sait bien : nous sommes des sujets respectables !

Wu Xiangzi   Je te demande si tu l'as entendu !

Second Aîné Song   Là, là, Messieurs, s'il y a des choses à se dire… Prenez donc place !

Song Enzi   Si tu ne me réponds pas, tu vas te retrouver toi aussi sous les verrous ! Il a dit « l'empire Qing est proche de sa fin », ça montre bien qu'il est l'un des complices de Tan Sitong !

Second Aîné Song   Je… je l'ai entendu… il a dit que…

Song Enzi   *(À Chang)* En route !

Quatrième Aîné Chang   Pour aller où ? J'exige une explication !

Song Enzi   Tu t'opposes à ton arrestation ? Mais attends donc, j'ai « la Loi » avec moi ! *(Il exhibe une chaîne de métal qu'il portait enroulée autour de la taille.)*

Quatrième Aîné Chang   Sachez que je suis un Homme des Bannières !

Wu Xiangzi   Un Mandchou qui trahit l'Empereur, c'est encore plus grave ! Allez, enchaîne-le !

Quatrième Aîné Chang   Inutile, je ne m'enfuirai pas.

Song Enzi   Ferait beau voir que tu t'enfuis ! *(À Song)* Tu vas nous suivre aussi, et si tu dis la vérité devant la Cour il ne t'arrivera rien.

(Huang le Gros revient de la cour, suivi de quelques hommes.)

Huang le Gros   Eh bien voilà ! Tout est bien qui finit bien. J'ai pas perdu mon temps !

Second Aîné Song   Seigneur Huang ! Seigneur Huang !

Huang le Gros   *(En se frottant les yeux)* Qui m'appelle ?

Second Aîné Song   C'est moi, le second Aîné Song ! Venez, venez dire un mot en notre faveur !

Huang le Gros   *(Qui y voit enfin clair)* Ah ! Monsieur Song, Monsieur Wu ! Ces messieurs sont en pleine enquête ? Je vous en prie !

Second Aîné Song   Seigneur Huang, aidez-nous ! Juste un mot ou deux !

Huang le Gros   Ce dont le gouvernement ne veut pas se mêler, j'en fais mon affaire. Mais là où il met son nez, je n'ai pas à ouvrir la bouche. *(À la cantonade)* Pas vrai ?

Les clients   C'est vrai ! très vrai !

(Song Enzi et Wu Xiangzi se dirigent vers la sortie, en emmenant Second Aîné Song et Quatrième Aîné Chang.)

Second Aîné Song   *(À Wang Lifa)* Prenez soin de nos cages à oiseaux !

Wang Lifa   Ne vous inquiétez pas, je vais les faire porter chez vous.

(Chang, Song, Song Enzi et Wu Xiangzi quittent la scène.)

Huang le Gros   *(Tang le Devin l'ayant informé que Pang l'Eunuque était présent)* Ah, vous êtes là, Seigneur ? J'ai entendu dire que vous vouliez fonder une famille, laissez-moi vous féliciter !

Pang l'Eunuque   Je vous attends au repas de mariage.

Huang le Gros   Vous me faites trop d'honneur ! *(Il quitte la scène.)*

(La paysanne rentre avec les bols vides et les dépose sur le comptoir.

La petite fille rentre à son tour.)

La gamine	M'man ! J'ai encore faim !
Wang Lifa	Aya ! Sortez d'ici !
La paysanne	Allons-y, ma chérie !
La petite fille	Tu ne vas pas me vendre ? M'man ! tu ne me vends pas ? M'man !
La paysanne	Mon bébé ! *(Elle l'emmène en pleurant.)*

(Kang le Sixième rentre avec Shunzi et se tient près du comptoir.)

Kang le Sixième Ma fille ! Shunzi ! Ton père est un moins que rien, une bête humaine ! Mais qu'est-ce que tu veux que j'y fasse ? Si tu ne trouves pas un endroit où manger à ta faim, tu vas mourir ! Et si je ne trouve pas quelques taëls d'argent, je vais me faire battre à mort par le propriétaire. Shunzi ! Plie-toi à ton destin, fais cette bonne action !

Kang Shunzi Je… je… *(Elle bafouille.)*

Liu le Grêlé *(En accourant)* Vous revoilà enfin ! Alors, c'est bon ?… Bien ! Venez voir Monsieur l'Intendant ! Faites le kowtow !

Kang Shunzi Je… *(Elle défaille.)*

Kang le Sixième *(Soutenant sa fille)* Shunzi ! Shunzi !

Liu le Grêlé Qu'est-ce qui se passe ?

Kang le Sixième Elle est affamée et affolée, voilà ce qui se passe ! Shunzi ! Shunzi !

Pang l'Eunuque J'en veux une vivante, pas une morte !

(Toute la pièce fait silence pendant un moment)

Client A *(Qui joue aux échecs avec le client B)* Échec et mat ! Tu es fini !

Rideau

DEUXIÈME ACTE

Personnages : Wang Shufen, le petit marchand de journaux, Kang Shunzi, Li le Troisième, Quatrième Aîné Chang, Kang Dali, Wang Lifa, Second Aîné Song, Lin, de nombreux réfugiés, Song Enzi, Chen, l'Agent de police, Wu Xiangzi, Cui Jiufeng, les sept soldats de la patrouille, deux ou trois résidents de la pension de famille attenante à la maison de thé, l'Officier, Tang le Devin, Liu le Grêlé, un petit groupe de soldats.

La scène : au même endroit qu'au premier acte. Près de vingt années se sont écoulées depuis ; on se situe après la mort de Yuan Shikai[5]. Les impérialistes incitent les Seigneurs de la guerre chinois à se partager le pays par la force des armes. C'est l'époque où la guerre civile éclate. Au début de l'été, un matin.

Les grandes maisons de thé pékinoises ont fermé leurs portes les unes après les autres. Yutai est le dernier établissement du genre encore ouvert, mais pour éviter de disparaître la maison a dû changer de fonction et de style : toute la partie arrière est devenu une pension de famille. Sur l'avant, on vend du thé et des amuse-bouches, comme des graines de melon ; les « nouilles à l'entrelardé de porc » et autres

---

ne sont déjà plus qu'un souvenir historique. La cuisine a déménagé sur l'arrière et n'assure plus que les repas des occupants de la pension. Le mobilier s'est lui aussi beaucoup amélioré : partout des fauteuils de rotin et des tables recouvertes de nappes en tissu vert pâle. La grande fresque des « Huit immortels ivres » et même la petite niche du Dieu de la Fortune ont disparu, remplacées par des beautés à la mode — des affiches de publicité pour des marques de cigarettes étrangères. Cependant les affiches signalant « Ici on ne parle pas politique » sont encore là, et sont même rédigées en caractères encore plus grands. Wang Lifa est vraiment semblable aux plus pragmatiques des Sages de l'Antiquité, car il a non seulement évité la fin de Yutai, mais il a aussi réussi à lui insuffler une nouvelle jeunesse.

En raison de travaux sur la porte d'entrée, l'établissement a été fermé quelques jours. La réouverture se prépare pour le lendemain. Wang Shufen et Li le Troisième s'affairent à tout mettre en ordre ; ils déplacent et redéplacent tables et chaises, les posent et les disposent, pour que tout soit aussi joli et pratique que possible.

Wang Shufen porte un chignon rond à la mode, alors que Li le Troisième arbore encore une petite natte mandchoue.

Deux ou trois étudiants viennent de l'arrière, les saluent et sortent.

Wang Shufen	*(En constatant que la natte de Li le gêne dans sa tâche)* Troisième Aîné, notre maison de thé a été rénovée de fond en comble… N'est-il pas temps pour vous aussi de vous mettre à la page et de couper votre natte ?
Li le Troisième	Rénovée, rénovée… Plus on rénove et plus c'est froid… froid et sans âme !
Wang Shufen	Comment pouvez-vous dire ça ! Regardez, troisième Aîné, toutes les autres grandes maisons ont dû mettre la clé sous la porte les unes après les autres : Detai à la

porte Xizhimen, Guangtai près de Beixinqiao, et Tiantai devant la Tour du Tambour… Il n'y a que la nôtre, Yutai, qui soit encore là ! Et pourquoi ? C'est bien parce que mon mari a su rénover dans l'esprit de la réforme !

Li le Troisième   Groumpf ! La fin de l'Empereur, c'était-y pas aussi une belle réforme ? Mais à force de réformer dans tous les sens, v'là-t-y pas que le Yuan Shikai a lui aussi voulu devenir Empereur ! Et depuis sa mort, c'est le grand désordre ; un jour c'est le canon qui tonne, le lendemain c'est le blocus de la ville. Tu parles de réformes ! Hein ! Moi je préfère garder ma petite natte, au cas où l'Empereur finirait par revenir !

Wang Shufen   Ne soyez pas si buté, troisième Aîné ! Tout ça, ça a amené la République, alors pouvons-nous nous permettre de ne pas suivre l'air du temps ? Voyez donc, la façon dont nous avons tout arrangé ici, ce n'est pas bien plus propre et plus joli qu'avant ? Et rechercher la clientèle de gens bien élevés, n'est-ce pas plus convenable ? Mais vous, vous vous obstinez à porter la natte, ça fait quand même franchement tache !

Li le Troisième   Madame, vous trouvez que je fais tache, mais moi je trouve que c'est le reste qui fâche !

Wang Shufen   Ah ? Il y a quelque chose qui fâche ? Que se passe-t-il donc ?

Li le Troisième   Vous ne comprenez donc pas ? Sur le devant, un salon de thé, sur l'arrière une pension, et tout repose sur deux personnes, le patron et moi ! Quoi qu'on fasse, on s'en sortira jamais !

Wang Shufen   Ce qui se passe devant, laissez-le au patron. Mais sur l'arrière, ne suis-je donc pas là pour vous donner un coup de main ?

Li le Troisième   Et quand bien même ! Il y a vingt chambres à nettoyer, le repas à préparer et à servir à plus de vingt personnes, sans compter qu'il faut aussi leur apporter l'eau chaude pour le thé, leur faire leurs courses, leur poster leur courrier… Alors posez-vous la question ! Vous allez tenir le coup ?

Wang Shufen   Troisième Aîné, vous avez bien raison ! Mais qu'est-ce que vous voulez, en ces temps de guerre nous devrions déjà remercier le Bouddha d'avoir encore du pain sur la planche. Nous devons tous serrer les dents !

Li le Troisième   Mais j'en peux plus ! Je dors plus que quatre ou cinq heures par nuit, je suis pas fait de fer, moi !

Wang Shufen   Aya ! Troisième Aîné, on en est tous là, à la peine. Attendez donc un peu, notre aîné va avoir son certificat à l'été, et le cadet va vite grandir aussi ! Dès qu'ils s'y mettront, nous pourrons respirer un peu. Vous nous aidiez déjà quand le vieux gérant était encore de ce monde, vous êtes notre vieil ami, notre vieil employé fidèle !

(Wang Lifa apparaît, l'air suffisant, venant de l'arrière.)

Li le Troisième   *(Il marmonne)* Vieil employé fidèle ? Ouais, ça fait plus de vingt balais que je bosse ici, et tu crois qu'ils m'auraient augmenté mes gages ? Tout a bien été réformé, alors pourquoi mes gages y z'ont pas été réformés eux aussi ?

Wang Lifa   Holà ! Que racontes-tu dans ta barbe ? Si nos affaires allaient un peu mieux, crois-tu donc que je ne t'augmenterais pas ? Allez, on rouvre demain, il ne faut pas faire fuir la chance, ne nous engueulons pas ! On fait comme ça, *all right* ?

Li le Troisième   Comment, « comme ça » ? Si les réformes m'oublient encore, j'arrête de bosser, moi !

(De l'arrière : « Li le Troisième ! Li le Troisième ! »)

Wang Lifa   Monsieur Cui t'appelle, va vite ! On en reparlera quand on aura le temps.

Li le Troisième   Groumpf !

Wang Shufen   Ça me fait penser que… hier ils ont fermé les portes de la ville, et aujourd'hui on ne sait pas ce qu'il en sera. Troisième aîné, laissez donc le patron s'occuper de ce qui se passe ici, et allez plutôt nous faire quelques courses ! Et avant tout, assurez-vous bien de prendre des légumes salés !

(De l'arrière, encore : « Li le Troisième ! Li le Troisième ! »)

Li le Troisième   Ouais, derrière on me siffle, devant on me presse ! Et pourquoi pas me découper en deux tant qu'on y est ! *(Il part vers l'arrière, en colère.)*

Wang Lifa   Femme… il a pris un coup de vieux… tu devrais…

Wang Shufen   Il a ronchonné toute la matinée ! Mais il a raison de se plaindre. Devant lui, je ne pouvais pas trop en parler ; mais je dois te le dire, à toi : nous devons vraiment embaucher !

Wang Lifa   Si nous embauchons, il faudra payer des gages ; pourrons-nous encore dégager un profit ? Si j'avais l'occasion d'aller faire autre chose… je ne serais qu'une pauvre cloche si je restais à gérer cette maison à la place !

(Au loin retentissent des coups de canon, étouffés.)

Wang Lifa Écoute ! Encore ces putains de canons ! Et toi qui causes, qui causes ! Ça m'étonnerait qu'on arrive à ouvrir demain ! Ça, c'est moi qui te le dis !

Wang Shufen Les gros malins comme toi ne devraient pas dire tant d'âneries… C'est ma faute peut-être, ces coups de canons ?

Wang Lifa Arrête de dire n'importe quoi et remets-toi au boulot ! Ha !

Wang Shufen Si on ne se crève pas nous-même la paillasse à travailler du matin au soir, c'est un coup de canon qui va nous la crever ! Je vois ça d'ici ! *(Elle se dirige lentement vers l'arrière.)*

Wang Lifa *(En radoucissant le ton)* Femme, pas la peine d'avoir peur, ils en ont déjà tant tiré des coups de canon, et pas un ne nous est tombé dessus. Pékin est protégé par les dieux !

Wang Shufen Protégé ou pas, j'ai le cœur qui me remonte dans la gorge à chaque fois ! Bon, il faut que je donne l'argent des courses au Troisième aîné. *(Elle sort.)*

(Des réfugiés, hommes et femmes, viennent mendier à la porte.)

Les réfugiés Patron, un bon geste ! Ayez pitié !

Wang Lifa Allez-vous-en, je ne peux rien donner. On n'a même pas encore ouvert !

Les réfugiés Ayez pitié, ayez pitié ! Nous avons dû fuir les combats, nous avons tout perdu !

Wang Lifa Ne perdez pas votre temps. Je n'ai même pas assez pour moi-même !

(Arrivée d'un policier.)

L'agent de police Allez ! Dégagez ! Plus vite que ça !

(Les réfugiés se dispersent.)

Wang Lifa Comment ça se passe, sixième Aîné ? Les combats… c'est très serré ?

L'agent de police Si c'est serré ?!! Serré à s'étouffer, ouais ! Si c'était pas si serré, on n'aurait pas autant de réfugiés sur le dos. Au fait… les autorités vous ordonnent de livrer quatre-vingts livres de galettes avant midi. Les soldats de la garnison n'iront se battre que s'ils ont à bouffer !

Wang Lifa Monsieur l'agent, vous qui êtes un sage… Je ne fais plus la nourriture que pour les résidents, je ne vends plus à manger, et en plus on n'a pas encore rouvert ! Je ne pourrais même pas fournir une livre de galette… Alors quatre-vingts, n'en parlons pas !

L'agent de police Vous avez vos raisons, moi j'ai mes ordres. Faites comme vous l'entendez ! *(Il veut sortir)*

Wang Lifa Attendez ! On n'a *vraiment* pas encore rouvert, vous le savez bien ! Et quand on aura rouvert – on va beaucoup vous déranger !… Allons… achetez-vous un peu de bon thé… *(Il lui tend un billet)* Si vous interveniez en notre faveur, je ne saurais comment vous en remercier…

L'agent de police *(Prenant l'argent)* Je leur en toucherai un mot, mais je peux rien vous promettre.

(Un groupe de soldats en uniformes déguenillés, le fusil en bandoulière, fait irruption par la porte.)

L'agent de police Messieurs, je viens de vérifier leur permis, ils ont pas encore ouvert !

L'un des soldats Et mon cul !…

L'agent de police Patron, faites une petite donation de respect à ces vétérans, et priez-les de trouver un autre endroit pour y boire !

Wang Lifa Messieurs, je vous présente toutes mes excuses, nous ne sommes pas encore ouverts, sinon vous seriez bien entendu tous les bienvenus ! *(Il tend quelques billets au policier.)*

L'agent de police *(En passant l'argent aux soldats)* Allons, chefs, veuillez lui pardonner, il ne peut vraiment pas vous recevoir !

L'un des soldats Mes couilles ! Qui voudrait de ces saloperies de billets ? On veut du sonnant, du trébuchant, des dollars d'argent !

Wang Lifa Messieurs ! Où voulez-vous que je trouve des dollars d'argent ?

L'un des soldats Rien à branler ! Allez, foutez-moi une raclée à ce faux jeton !

L'agent de police Vite ! Encore de l'argent !

Wang Lifa *(En fouillant dans ses habits)* Messieurs, s'il reste ne serait-ce qu'un sou dans toute la maison, vous pouvez y mettre le feu ! *(Il leur tend d'autres billets.)*

L'un des soldats Des queues ! *(Il prend l'argent, et sort en s'emparant de deux nappes neuves.)*

L'agent de police Eh bien, on peut dire que je vous ai tiré d'un sacré mauvais pas ! S'ils étaient pas partis, vous étiez fini ! Y vous resterait pas une tasse !

Wang Lifa Je n'oublierai jamais ce que vous avez fait pour moi !

L'agent de police Et pour tout ce mal que je me suis donné, vous ne pourriez pas faire encore un petit effort ?

Wang Lifa Mais bien entendu ! Vous êtes un sage, et moi un fou. Mais… vous pouvez me fouiller, je n'ai même plus une piécette de cuivre ! *(Il lui ouvre sa tunique pour qu'il puisse le fouiller)* Fouillez ! fouillez donc !

L'agent de police Vous êtes trop fort pour moi ! À demain… Demain est un autre jour ! *(Il sort.)*

Wang Lifa Prenez garde à vous !… *(Il se met à trépigner une fois le policier sorti)* Saloperie ! La guerre, encore la guerre ! Aujourd'hui la guerre, demain la guerre, toujours la guerre ! Putain de guerre !

(Tang le Devin apparaît, toujours aussi maigre, toujours aussi sale, mais il porte cette fois une robe de soie doublée.)

Tang le Devin Monsieur le gérant Wang ! Je viens vous présenter mes compliments !

Wang Lifa *(Encore en colère)* Ah ! Monsieur Tang ? Pourtant je ne distribue plus mon thé gratuitement ! *(Il l'examine, et un sourire lui vient aux lèvres)* Ça a l'air de bien marcher pour vous ! De la soie, dites donc !

Tang le Devin Ça marche de fait un peu mieux qu'avant ! J'en remercie notre époque.

Wang Lifa Notre époque ? Elle mérite des remerciements ? Ça m'écorche les oreilles rien que de l'entendre.

Tang le Devin Plus l'époque est troublée, mieux mes affaires tournent ! Ces temps-ci, la vie et la mort de chacun ne reposent que sur le hasard ; alors forcément, on veut se faire lire son destin, se faire dire la bonne fortune. Hein ? Pas vrai ?

Wang Lifa *Yes,* on peut voir ça comme ça.

Tang le Devin Il paraît que vous avez transformé l'arrière en pension. Que diriez-vous de me louer une chambre ?

Wang Lifa Monsieur Tang, vos petits plaisirs, je crains qu'ici…

Tang le Devin	J'ai arrêté de fumer l'opium !
Wang Lifa	Ah oui ? Alors vous allez vraiment faire fortune !
Tang le Devin	Je suis passé à « la blanche ». *(Il pointe du doigt les annonces pour les cigarettes aux murs)* Voyez, « Cigarettes Hatamen, luxe et volupté ! »[6] *(Il sort un paquet pour sa démonstration)* Hop ! vous ôtez un peu de tabac, et c'est idéal pour y mettre de la poudre. Des cigarettes de l'Empire britannique, de la blanche du Japon : deux grandes puissances à mon propre service. J'en ai de la veine, non ?
Wang Lifa	De la veine, vous en avez et pas qu'un peu ! Mais… je suis déjà complet. Dès que j'ai une chambre de libre, je vous la réserve.
Tang le Devin	Vous… vous me méprisez, vous avez peur que je ne paye pas mon loyer !
Wang Lifa	Mais non, pas du tout ! Nous avons tous grandi dans les mêmes rues, qui pourrait mépriser qui que ce soit ? C'est dit en toute franchise, entre vieux intimes !
Tang le Devin	Vous avez la langue encore mieux pendue que la mienne !
Wang Lifa	Ce ne sont pas de vaines paroles, je suis sincère ! En près de vingt ans, combien de fois avez-vous pu boire de mon thé sans payer ? Faites vous-même le calcul. Alors maintenant que ça roule pour vous, avez-vous songé à me rembourser tout cet argent ?
Tang le Devin	Je vous rembourserai le tout un de ces jours, de toute façon ce n'est pas une grosse somme ! *(Il se dirige vers la sortie en*

---

[6] Les cigarettes Hatamen étaient produites à Shanghai par British American Tobacco.

tentant de noyer le poisson.)

(On entend dans la rue un vendeur de journaux à la criée : « Des nouvelles des combats à Changxindian ! Lisez les nouvelles des combats ! » Le petit vendeur passe la tête par la porte.)

Le marchand de journaux Patron, les nouvelles des combats à Changxindian… v'm'en prenez un exemplaire ?

Wang Lifa Y a-t-il autre chose que des histoires sur les combats ?

Le marchand de journaux P't'êt que oui, z'avez qu'à r'garder vous-même !

Wang Lifa Dégage ! Je ne veux pas voir ça !

Le marchand de journaux Patron, c'est pas passque vous, vous les lisez pas, qu'les combats y vont s'arrêter ! *(À Tang)* M'sieur, v'z'en prenez un ?

Tang le Devin Je ne suis pas comme lui *(en désignant Wang Lifa)*, je m'intéresse aux affaires de ce monde ! *(Il s'empare d'un exemplaire, et s'en va sans payer.)*

(Le vendeur de journaux lui court après.)

Wang Lifa *(Dans sa barbe)* À Changxindian ! Changxindian… C'est vraiment tout près d'ici ! *(Il crie)* Troisième Aîné, troisième Aîné ! Il ne faudrait pas aller faire les courses trop tard, ils vont fermer les portes de la ville d'un moment à l'autre et il n'y aura plus rien à acheter ! Ha ! *(Il n'entend aucune réponse, et se dirige en colère vers l'arrière.)*

(Le quatrième Aîné Chang entre, portant un chapelet de navets salés et deux poulets.)

Quatrième Aîné Chang Monsieur le gérant Wang !

Wang Lifa Qui va là ? Oh, Monsieur Chang l'Aîné ! Mais qu'est-ce que vous faites là ?

Quatrième Aîné Chang Je vends des légumes ! Je vis de mon travail, pour sûr. Mais les faubourgs sont en plein chaos aujourd'hui, on ne trouve déjà plus rien. J'ai cherché partout et j'ai fini par dénicher ces deux poulets et quelques livres de navets salés. J'ai entendu dire que vous rouvriez demain, vous pourrez peut-être en avoir besoin, je suis venu tout exprès vous les apporter !

Wang Lifa Je vous remercie ! Je ne savais plus que faire.

Quatrième Aîné Chang *(En regardant autour de lui)* Bien ! Très bien ! C'est très bien arrangé. Toutes les grandes maisons ont fermé, vous seul avez eu les idées nettes et su profiter de l'occasion pour vous adapter.

Wang Lifa Je ne mérite pas tant d'éloges ! Je fais de mon mieux, mais à quoi ça sert si le pays part à vau-l'eau !

Quatrième Aîné Chang En tout cas, on dirait que les gens comme moi ne pourront plus s'offrir le plaisir de s'asseoir dans une telle maison de thé !

(Le second Aîné Song entre à son tour, ses habits de vieux lettré sont désormais des guenilles mais il a encore sa cage à oiseau.)

Second Aîné Song Monsieur le gérant ! J'ai entendu dire que vous rouvriez demain, je viens vous présenter mes compliments ! *(En voyant Chang)* Ayo ! Quatrième Aîné, vous m'avez tellement manqué !

Quatrième Aîné Chang Second frère aîné ! Vous allez bien ?

Wang Lifa Asseyez-vous donc !

Quatrième Aîné Chang Patron, ça va ? Et Madame ? Les enfants ? Les affaires marchent ?

Wang Lifa Tout va bien, merci de votre sollicitude ! *(Il récupère les poulets et les navets)* Quatrième Aîné, combien je vous dois ?

Quatrième Aîné Chang   À vous de voir, payez-moi ce que vous pensez que ça vaut !

Wang Lifa   Parfait ! Je vais vous faire une bonne théière. *(Il emporte les denrées à l'arrière.)*

Second Aîné Song   Quatrième Aîné, vous… que devenez-vous ?

Quatrième Aîné Chang   Je trimballe des légumes verts pour les vendre ! Quand on n'a plus de pension garantie, qu'est-ce qu'il nous reste à faire que de travailler à la force de nos bras ? Et vous, Second Aîné, que devenez-vous ?

Second Aîné Song   Ce que je deviens ?… Ah ! J'ai envie d'éclater en sanglots ! Vous avez vu l'état de mes habits ? J'ai à peine figure humaine !

Quatrième Aîné Chang   Second frère aîné, vous savez pourtant écrire et compter, comment se fait-il que vous ne vous dégotiez pas un petit boulot ?

Second Aîné Song   Oui, personne n'a envie de crever de faim sans rien y faire. Mais qui voudrait de nous autres, les Mandchous des Bannières ? Tiens, en y pensant, le grand empire Qing n'était peut-être pas terrible, mais maintenant qu'on est en république, c'est là que je souffre de la faim !

Wang Lifa   *(Il revient en portant une théière, puis donne de l'argent à Chang)* Je ne sais pas combien ça vous a coûté, mais voilà tout ce que je peux vous donner.

Quatrième Aîné Chang   *(Qui prend l'argent et le fourre dans sa poitrine sans le regarder)* Ce n'est pas grave ! Ça ne fait rien !

Wang Lifa   Second Aîné *(en montrant la cage)*, c'est toujours bien un passereau ? Comment chante-t-il ?

Second Aîné Song   Oui, c'est un passereau ! J'ai beau avoir le ventre creux, je ne laisserai jamais mon oiseau avoir faim. *(Sa voix retrouve un peu de vigueur)* Regardez, regardez *(il ôte le tissu de la cage),* qu'il est beau ! Dès que je le vois, je ne supporte plus l'idée de mourir !

Wang Lifa   Monsieur, il ne faut pas parler de la mort ! Un jour la chance finira par vous sourire.

Quatrième Aîné Chang   Second frère aîné, allons-y ! Trouvons un endroit où boire quelques coupes de vin. L'ivresse dissipe mille soucis. Patron, je ne vous invite pas, je n'ai pas tellement d'argent !

Wang Lifa   Et moi j'ai trop à faire ici, de toute façon je n'aurais pas eu le temps de vous tenir compagnie !

(Chang et Song se dirigent vers la sortie, juste au moment au Song Enzi et Wu Xiangzi font leur apparition. Ils ont toujours de longues robes grises, mais les manches ont rétréci aux poignets, et ils portent par-dessus des tuniques en étoffe noire.)

Second Aîné Song   *(Dès qu'il les a reconnus, il n'a pu s'empêcher de s'avancer et de les saluer)* Ah ! C'est vous, Seigneurs !

(Comme s'il était contaminé par l'attitude de Song, Wang Lifa salue également, ce qui semble stupéfier les nouveaux arrivants.)

Song Enzi   Qu'est-ce qui vous prend ? On est en république depuis des années, et vous saluez encore à l'ancienne ? Vous n'avez pas appris à simplement vous incliner ?

Second Aîné Song   C'est la vue de vos robes grises, Seigneurs, ça m'a fait repenser aux Qing ! Je n'ai pas pu m'en empêcher !

Wang Lifa   Pareil pour moi ! Je trouve que la révérence est plus satisfaisante pour l'esprit que la simple inclinaison du buste !

Wu Xiangzi Ha ha ha ha ! Second Aîné Song, vos uniformes de soldats ne valaient pas nos longues robes grises pour assurer une pension ! Ha ha ha ! *(En apercevant Chang)* Tiens, ne serait-ce pas le quatrième Aîné Chang ?

Quatrième Aîné Chang C'est bien moi, vous avez de bons yeux ! En 1898, j'ai eu le malheur de dire ici même que « l'Empire Qing était fini », et pour cela vous m'avez coffré et j'ai fait plus d'une année de prison !

Song Enzi Votre mémoire vaut bien mes yeux ! Ça marche pour vous ?

Quatrième Aîné Chang Ça va, merci ! Je suis sorti de prison juste avant le début de l'année 1900. J'ai rejoint les Poings de Justice, pour « soutenir les Qing et exterminer les étrangers », comme ils disaient, et j'en ai livré des batailles ! Et puis à force de branler, le grand empire Qing a fini par s'effondrer, comme il se devait ! Je suis un homme des Bannières mais il faut être juste. Et maintenant, je me lève tous les jours à la le Cinquième veille pour trimballer ma palanche pleine de légumes verts, je tourne jusqu'à dix heures et j'ai tout vendu. À force de me servir de mes muscles pour gagner ma vie, je suis en meilleure forme que je n'ai jamais été ! Et si les étrangers nous cherchent des noises une fois de plus, je serai prêt à les affronter encore, aussi vrai que je m'appelle Chang ! Je suis peut-être un Mandchou des Bannières, mais les Mandchous sont chinois eux aussi. Et vous-mêmes, que devenez-vous ?

Wu Xiangzi   On se débrouille comme on peut… Tant qu'il y avait un Empereur, on servait l'Empereur, sous le président Yuan on servait le président Yuan, et maintenant… hein, Song Enzi, comment dire ?

Song Enzi   On sert celui qui nous sert à bouffer !

Quatrième Aîné Chang   Et si c'étaient les étrangers qui vous donnaient à manger ?

Second Aîné Song   Quatrième Aîné, partons !

Wu Xiangzi   Je vais vous dire, quatrième Aîné Chang : tous ceux qui veulent de nos services sont soutenus par les étrangers ! Sans les fusils ni les canons étrangers, comment voudriez-vous qu'ils fassent la guerre ?

Second Aîné Song   Vous avez bien raison ! Oui ! Quatrième Aîné, il faut y aller !

Quatrième Aîné Chang   Au revoir, Messieurs ! Je vous souhaite de bien vite monter en grade et faire fortune ! *(Il sort avec Song)*

Song Enzi   Quel pauvre type !

Wang Lifa   *(En versant du thé)* Le quatrième Aîné Chang a toujours été un sacré cabochard ; ne faites pas attention à lui. *(En offrant le thé)* Prenez donc une tasse, il vient d'infuser.

Song Enzi   C'est quel genre de gens qui vivent là-derrière ?

Wang Lifa   La plupart sont des étudiants, et il y a quelques-unes de mes connaissances. Je tiens un registre d'hôtel que je montre régulièrement au poste. Je vous l'apporte, vous voulez le voir ?

Wu Xiangzi   On veut pas voir votre registre, on veut voir les gens !

Wang Lifa   Ce n'est pas la peine, ce sont tous des gens très sûrs !

Song Enzi   Pourquoi vous aimez tant louer à des

étudiants ? C'est pourtant pas des types très fiables !

Wang Lifa Vu l'époque, si ça se trouve, les fonctionnaires qui sont promus aujourd'hui seront virés demain, les commerçants qui ouvrent aujourd'hui fermeront demain. Personne n'est fiable ! Il n'y a que les étudiants qui ont l'argent pour s'offrir un loyer tous les mois : les pauvres ne vont pas à l'université ! C'est logique, non ?

Song Enzi Vous avez pensé à tout ! Et vous avez raison : aujourd'hui, même nous, on est en retard de salaire !

Wu Xiangzi Ouais, alors faut pas qu'il se passe un jour sans qu'on arrête quelqu'un, histoire d'améliorer l'ordinaire.

Song Enzi On touche la prime s'ils sont coupables, ou bien ils nous payent pour rester en liberté. On palpe dans les deux sens ! Bon, allons voir derrière ce qui s'y passe !

Wu Xiangzi Allons-y !

Wang Lifa Messieurs, Messieurs ! Il n'y a là que des innocents.

Song Enzi Si on y regarde pas, on pourra arrêter personne, et qui va nous maintenir en fonds ? Hein ?

Wu Xiangzi Môssieur le gérant Wang préférerait qu'on y regarde pas, alors Môssieur le gérant Wang devrait nous trouver une solution ! Faut bien qu'on lui donne un peu de face à Môssieur le gérant Wang ! Pas vrai ? Monsieur le gérant !

Wang Lifa Je…

Song Enzi J'ai ma petite idée toute bête : tout simplement, il pourrait y avoir une petite gratte, tous les premiers du mois, selon le calendrier occidental, vous pourriez faire un petit…

Wu Xiangzi Un petit effort de gratitude !

Song Enzi Ouais, et une fois que le petit effort est fait, ça vous épargne du boulot, et à nous aussi !

Wang Lifa Et ce petit effort, il devrait se monter à combien ?

Song Enzi Ça fait si longtemps qu'on se connaît, à vous de décider ! Vous êtes quelqu'un d'intelligent, vous ne voudriez pas transformer la gratitude en gêne, hein ?

Li le Troisième *(Qui arrive de l'arrière en portant un panier)* Ah, Seigneurs ! *(Il salue à l'ancienne)* Ils vont encore boucler la ville aujourd'hui ! *(Il se dirige vers la sortie sans attendre de réponse.)*

(Deux ou trois étudiants se précipitent à l'intérieur.)

Un étudiant Troisième Aîné, ne sortez pas dans la rue, ils arrêtent les gens pour les corvées !

Li le Troisième *(Sans s'arrêter)* Qu'ils m'arrêtent ! De toute façon, faire le coolie ici ou là-bas…

(Liu le Grêlé arrive en courant, l'air tout déconfit, et percute Li le Troisième de plein fouet.)

Li le Troisième Qu'est-ce qui se passe ? Vous êtes tout vert de peur !

Liu le Grêlé *(Le souffle court)* Ne… ne… ne sortez pas ! J'ai failli me faire choper !

Wang Lifa Troisième Aîné, attendez un peu !

Li le Troisième Et le déjeuner, alors ?

Wang Lifa Tu diras à tout le monde que ce sera du riz aux légumes salés au déjeuner, il n'y a pas le choix ! Et ce soir on mangera ces deux poulets.

Li le Troisième D'accord ! *(Il fait demi-tour.)*

Liu le Grêlé Putain d'ma mère, j'ai failli crever de trouille !

Song Enzi   Une fois crevé, au moins tu n'aurais plus pu ni acheter ni vendre de filles !

Liu le Grêlé   Y'a des gens qui vendent, y'a des gens qui achètent, moi je fais l'intermédiaire, c'est pour aider, y'a pas de mal à ça ! *(Il vide l'une après l'autre les trois tasses de thé qui se trouvent sur la table.)*

Wu Xiangzi   Je te préviens : nous autres, depuis la fin des Qing, on règle leur compte aux révolutionnaires, on aime pas trop s'occuper des affaires puantes des marchands d'hommes ou des voleurs de femmes. Mais si on te trouve encore dans nos pattes, on fermera plus les yeux ! Ouais, les crevures dans ton genre, faut les foutre au trou et s'assurer qu'elles sont enchaînées au baquet !

Liu le Grêlé   Messeigneurs, dites pas des choses pareilles ! Est-ce que j'suis pas près de crever de faim moi aussi ? Tenez, avant, je bossais pour ces messieurs des Huit Bannières et pour les eunuques du Palais. Cette révolution, elle m'en a fait du mal ! Maintenant, les ministres et leurs vice-ministres, les colonels et les généraux, ils veulent que des chanteuses comme concubines, ou pire encore, des vedettes de théâtre ! Ils sont prêts à claquer trois ou cinq mille dollars d'argent en une seule fois ! Quand j'vois ça, j'suis complètement hors du coup ! Mes petites affaires insignifiantes, elles valent plus que dalle !

Song Enzi   Décidément, y'a qu'enchaîné au pot à merde que tu fermeras enfin ta grande gueule !

| **Liu le Grêlé** | Allons bon !… Messeigneurs, je n'ai rien à vous offrir aujourd'hui, mais je me rattraperai un de ces jours. |

Liu le Grêlé Allons bon !… Messeigneurs, je n'ai rien à vous offrir aujourd'hui, mais je me rattraperai un de ces jours.

Wu Xiangzi T'as sûrement un fer au feu, autrement tu n'aurais pas mis le nez dehors alors que ça pète dans tous les coins !

Liu le Grêlé Non ! Je vous jure que non !

Song Enzi Y'a pas un mot de vrai qui te tombe de la bouche. Nous, on te raconte pas de craques : tu vas finir par avoir des ennuis. Patron, on sort faire un petit tour. N'oubliez pas, au premier du mois, calendrier solaire !

Wang Lifa J'oublierais mon nom avant d'oublier ce que je vous dois !

Wu Xiangzi C'est dit. *(Il sort avec Song Enzi)*

Wang Lifa Monsieur Liu, vous avez bu assez de thé ? Vous avez sûrement mieux à faire ailleurs !

Liu le Grêlé Mêlez-vous de ce qui vous regarde. Je reste ici pour attendre deux amis.

Wang Lifa Nous nous sommes pourtant expliqués, à partir de dorénavant vous ne pouvez plus conduire vos petites affaires ici. On a changé ici, c'est devenu civilisé !

(Kang Shunzi passe la tête à l'intérieur. Elle a un petit baluchon à la main et tire Kang Dali.)

Kang Dali C'est ici ?

Kang Shunzi C'est pourtant bien l'endroit, pourquoi ça a tellement changé ? *(Elle rentre, aperçoit Liu le Grêlé)* Dali, rentre, c'est bien ici !

Kang Dali Tu as trouvé, m'man ?

Kang Shunzi Oui ! Avec lui ici, on ne peut pas se tromper !

Wang Lifa Qui cherchez-vous ?

Kang Shunzi	*(Sans lui répondre, elle se rue vers Liu)* Liu le Grêlé, tu me reconnais ? *(Elle veut le frapper, mais ne parvient pas à lever le bras ; elle tremble de tous ses membres)* Tu… toi… espèce de… *(Elle veut l'insulter, mais l'émotion l'en empêche.)*
Liu le Grêlé	Qu'est-ce qui vous prend, la vieille folle, à m'agresser comme ça sans raison ?
Kang Shunzi	*(Faisant effort sur elle-même)* Sans raison ? Tu… sais-tu qui je suis ?… Quelle sorte d'homme es-tu… incapable de gagner sa vie honnêtement… qui se livre à un commerce inhumain ! Pouah !
Wang Lifa	Sœur aînée, dites-nous ce que vous avez sur le cœur, mais par pitié, dites-le calmement !
Kang Shunzi	Vous êtes Wang, le gérant ? Avez-vous oublié ? Il y a plus de dix ans, l'eunuque qui voulait se marier…
Wang Lifa	Vous, vous êtes la… le… du Grand Intendant Pang ?
Kang Shunzi	Grâce à ses bons offices ! *(En désignant Liu)* Et aujourd'hui, je viens régler mes comptes. *(Elle tente à nouveau de le frapper, sans succès.)*
Liu le Grêlé	*(En esquivant)* Vous n'oserez pas ! Vous… un homme ne se bat pas contre une femme ! *(Il recule en parlant)* Je… je vais chercher quelqu'un pour arranger ça ! *(Il s'enfuit vers l'arrière.)*
Wang Lifa	*(À Kang Shunzi)* Sœur aînée, asseyez-vous, dites-moi tout, lentement. Comment va le Grand Intendant ?
Kang Shunzi	*(Elle s'assied, le souffle court)* Il est mort. Ses neveux l'ont affamé. Il avait encore sa fortune quand la République est arrivée,

mais il n'avait plus aucun pouvoir et ses neveux ont pu l'escroquer. Et dès qu'il est mort, ils nous ont chassés de chez nous, sans même nous donner ne serait-ce qu'une couverture !

Wang Lifa Et ce… ce jeune homme est… ?

Kang Shunzi Mon fils.

Wang Lifa Votre ?…

Kang Shunzi Il a lui aussi été acheté, pour assurer une descendance à l'eunuque.

Kang Dali M'man, c'est ici que ton papa t'avait vendue ?

Kang Shunzi Oui, mon joli. C'était ici, je m'étais évanouie à peine entrée. Je n'oublierai jamais cet endroit !

Kang Dali Moi je ne sais même pas où mon père m'a acheté !

Kang Shunzi Tu n'avais pas plus d'un an à cette époque ! Je t'ai élevé, tu resteras toujours avec moi, n'est-ce pas ? Mon bébé !

Kang Dali Ce vieux bonhomme, il te pinçait, il te tordait le bras, il te mordait ! Et même il me piquait avec sa pince à opium. Et ses neveux, ils étaient trop nombreux, on ne pouvait pas les battre tous ! Si tu n'avais pas été là, m'man, ils m'auraient battu à mort !

Kang Shunzi Oui ! Ils étaient trop nombreux, et nous, nous sommes trop gentils. Regarde ce Liu… je voudrais l'écorcher vif, mais je n'ai même pas pu lui flanquer une gifle, je n'arrive pas à porter la main sur lui !

Kang Dali M'man, quand je serai grand, je t'aiderai à te battre ! Je ne sais pas qui est ma vraie maman… C'est toi ma vraie maman.

Kang Shunzi Bien ! bien ! Nous resterons ensemble pour toujours, je gagnerais de l'argent, et toi tu iras étudier ! *(Elle se fige un bref moment)* Patron, jadis c'est ici que j'ai été achetée, cela crée des liens entre nous… Pourriez-vous me donner un coup de main, me trouver un petit boulot ? Je me fiche bien de crever de faim, mais je ne peux pas laisser mourir ce brave gamin qui n'a plus personne.

(Wang Shufen apparaît, mais reste en arrière pour les écouter.)

Wang Lifa   Que savez-vous faire ?

Kang Shunzi   Le ménage et la vaisselle, coudre et repriser, la cuisine de tous les jours, je sais tout faire ! Je suis une fille de la campagne, je peux vivre à la dure, mais je ne veux plus être la femme d'un eunuque ! Tout est très facile en comparaison.

Wang Lifa   Combien voulez-vous être payée ?

Kang Shunzi   Trois repas par jour, un endroit où dormir, et les frais d'école de Dali, ça sera bien assez.

Wang Lifa   Très bien, je vais me renseigner pour vous. Ce… ce qui s'est passé il y a plus de dix ans, je ne l'ai jamais oublié, j'en ai encore mal au cœur en y repensant.

Kang Shunzi   Mais… en attendant, où irons-nous, mon fils et moi ?

Wang Lifa   Vous pouvez retourner au village retrouver votre vieux père !

Kang Shunzi   Mon père ? Je ne sais même pas s'il est encore en vie. Et s'il est vivant, je ne peux pas aller le retrouver ! Il a manqué à ses devoirs envers sa propre fille, je n'ai plus à l'appeler « papa ».

Wang Lifa   Ça ne va pas être facile de vous trouver un travail immédiatement !

Wang Shufen   *(En s'avançant)* Si elle travaille dur et ne demande pas trop d'argent, je la garde.

Wang Lifa	*Tu* la gardes ?
Wang Shufen	Ce n'est pas moi la maîtresse de maison ? Tu veux peut-être que le Troisième aîné et moi nous tuions à la tâche ?
Kang Shunzi	Patron, prenez-moi à l'essai ! Si je ne fais pas l'affaire, vous me le direz et je m'en irai.
Wang Shufen	Sœur aînée, venez avec moi !
Kang Shunzi	Jadis cet endroit est là où j'ai été vendue, et maintenant je peux l'appeler mon nouveau chez moi ! Dali, viens donc.
Kang Dali	Patron, si vous ne me battez pas, j'aiderai aussi maman à sa besogne ! *(Il sort avec sa mère et Wang Shufen.)*
Wang Lifa	Alors là ! D'un seul coup, deux bouches de plus à nourrir ! Il n'y a peut-être plus d'eunuques, mais c'est leur famille qui me tombe sur le râble !
Li le Troisième	*(Il réapparaît, en protégeant Liu le Grêlé)* Cassez-vous, et vite ! *(Il ressort.)*
Wang Lifa	Oui, partez, ou bien attendez-vous que je vous en claque deux ?
Liu le Grêlé	Je vous ai pas dit que j'attendais deux amis ?
Wang Lifa	Comment ! Que va-t-il falloir que je vous dise pour que vous compreniez !
Liu le Grêlé	J'ai pas le choix ! On ne choisit pas sa voie ; vous, vous devez tenir cette maison de thé, moi je dois faire mon métier ! Ça sera ainsi tant que le monde durera !

(Lin et Chen arrivent du dehors, tout sourires.)

Liu le Grêlé	Grand-frère Lin, grand-frère Chen ! *(Il leur donne ce titre alors que les deux hommes sont bien plus jeunes que lui. S'apercevant que Wang Lifa est mécontent, il rajoute en hâte :)* Patron, y'a personne d'autre ici, laissez couler pour cette fois, ça ne se reproduira plus !

Wang Lifa	Personne ? *(En pointant du doigt vers l'arrière)* Et elle alors ?
Liu le Grêlé	Pas grave, elle va pas faire un scandale ! Et si elle le fait quand même, ces deux-là me fileront un coup de main.
Wang Lifa	Vous !... Hmmf ! *(Il se dirige vers l'arrière.)*
Liu le Grêlé	Asseyez-vous, et parlons !
Lin	À toi l'honneur, frérot !
Chen	Non, à toi, grand-frère !
Liu le Grêlé	Qu'est-ce que ça change, lequel des deux prend la parole ?
Chen	Parle, toi ! C'est toi le grand frère !
Lin	Euh… vous voyez… nous sommes des frères jurés…
Chen	Ouais ! Des frères jurés, aussi proches l'un de l'autre que si on partageait le même pantalon !
Lin	…Et il a quelques dollars en poche…
Liu le Grêlé	Des dollars d'argent ?
Chen	Grand frère Lin en a aussi !
Liu le Grêlé	Combien en tout ? Dites un chiffre !
Lin	Là… on peut pas encore vous l'dire !
Chen	On vous l'dira si l'affaire peut s'faire !
Liu le Grêlé	Si vous avez assez de bons dollars, y'a pas d'affaire qui puisse pas se faire.
Chen & Lin	C'est vrai ?
Liu le Grêlé	Que je sois pendu si je mens.
Lin	Bon, dis-lui, frérot !
Chen	Non, vaut mieux que ce soit toi, grand-frère !
Lin	Voyez, on est deux, non ?
Liu le Grêlé	Hmmm…
Chen	Deux amis partageant le même pantalon…
Liu le Grêlé	Hmmm…
Lin	Personne pourrait se moquer de notre amitié, s'pas ?

Liu le Grêlé	L'amitié, c'est sacré, personne oserait s'en moquer !
Chen	C'est ça ! Et du coup personne pourrait non plus se moquer de l'amitié entre trois personnes, pas vrai ?
Liu le Grêlé	Trois personnes ? Y'aurait qui d'autre ?
Lin	Y'aurait notre femme en plus.
Liu le Grêlé	Hmm… hmmm… hmm ! Je pige ! Mais ça va pas être facile, j'ai jamais fait ça ! Vous comprenez, on parle toujours d'un joli petit couple, jamais d'un petit trio !
Lin	Ça va pas être facile ?
Liu le Grêlé	Franchement pas facile du tout.
Lin	*(À Chen)* Qu'ess t'en penses ?
Chen	Tu crois qu'on peut laisser tomber ?…
Lin	Jamais ! On en a chié plus de dix ans comme troufions, et on pourrait même pas s'payer chacun la moitié d'une bonne femme ? Putain d'ta mère !
Liu le Grêlé	Vous devez surtout pas laisser tomber ! Réfléchissons ensemble. Tous comptes faits, vous en avez combien, de ces dollars ?

(Wang Lifa émerge de l'arrière avec Cui Jiufeng. Liu et les deux autres s'interrompent.)

| **Wang Lifa** | Monsieur Cui, hier M. Qin a envoyé quelqu'un pour vous inviter. Pourquoi n'y êtes-vous pas allé ? Vous êtes si cultivé, vous savez tout sur tout, vous avez été membre de l'Assemblée, mais vous vivez ici et vous passez vos journées à lire les soutras. Pourquoi ne sortez-vous pas, ne vous impliquez-vous pas ? Quelqu'un de bien comme vous devrait être haut fonctionnaire ! Avec des gens éclairés comme vous dans l'administration, nous autres |

du petit peuple on pourrait enfin jouir d'un peu de paix !

Cui Jiufeng — J'ai honte, j'ai tellement honte ! Avoir été parlementaire, c'est pire que d'avoir péché ! Cette Révolution[7], à quoi a-t-elle servi ? Nous nous sommes trompés nous-mêmes et nous avons trompé le peuple ; ah ! Désormais je refuse de faire autre chose que de pratiquer et faire pénitence.

Wang Lifa — Mais regardez M. Qin ! Non seulement il fait tourner son usine, mais en plus il a ouvert une banque privée !

Cui Jiufeng — Qu'est-ce que ça change, d'avoir une usine et une banque ? Il prétend que l'industrie peut sauver le pays, mais qui a-t-il sauvé ? Il n'a sauvé que lui-même, il est de plus en plus riche ! Son entreprise, hmmf ! Il suffirait que les étrangers tendent le petit doigt pour la renverser, et qu'elle ne s'en relève jamais !

Wang Lifa — Ne dites pas ça ! N'avons-nous vraiment plus aucun espoir ?

Cui Jiufeng — Difficile à dire ! Très difficile ! Regardez autour de vous, aujourd'hui c'est le généralissime Wang qui bat le généralissime Li, demain ce sera le généralissime Zhao qui battra le généralissime Wang. Et qui les incite à se battre ?

Wang Lifa — Qui ? Qui est le salaud…

Cui Jiufeng — Les étrangers !

Wang Lifa — Les étrangers ? Je ne comprends pas !

Cui Jiufeng — Vous finirez par comprendre. Et ce jour-là, vous et moi ne serons plus que

---

[7] Il est ici fait mention de la Révolution d'octobre 1911, laquelle a mis fin à l'empire des Qing.

	leurs esclaves ! Je l'ai faite la révolution, je ne dis pas cela à la légère !
Wang Lifa	Mais alors, pourquoi n'essayez-vous pas de trouver une solution ? Pourquoi ne pas lutter de toutes vos forces pour éviter que le pays ne soit réduit à l'esclavage ?
Cui Jiufeng	Dans ma jeunesse, oui, c'était ainsi que je raisonnais, je prenais personnellement à cœur les problèmes de la nation ! Désormais, je vois au fond des choses : la Chine ne peut que mourir.
Wang Lifa	Raison de plus pour tenter de nous tirer de cette situation désespérée !
Cui Jiufeng	Nous en tirer ? Quel aveuglement ! On ne peut ressusciter un cheval mort, et un cheval vivant crèvera tôt ou tard ! Bon, je vais au Temple de l'Infini Secours. Si Qin envoie encore quelqu'un, vous n'avez qu'à dire que je ne sais que lire les soutras et suis incapable de quoi que ce soit d'autre ! *(Il quitte la scène.)*

(Retour de Song Enzi et de Wu Xiangzi.)

| **Wang Lifa** | Messieurs ! Il y a des nouvelles ? |

(Ils gardent bouche close, s'asseyent près de la porte d'entrée et observent Liu le Grêlé et les deux soldats. Liu le Grêlé ne sait plus où se mettre et baisse la tête. Chen et Lin, gênés eux aussi, se jettent des regards indécis, sans rien dire. Une minute de silence s'écoule ainsi.)

Chen	On y va, grand-frère ?
Lin	Oui, partons !
Song Enzi	Halte là ! *(Il se dresse et leur bloque le chemin.)*
Chen	Qu'ess qui y'a ?
Wu Xiangzi	*(Se dressant aussi)* Tu le demandes ?

(Les quatre hommes se regardent un moment en chiens de faïence.)

Song Enzi	Vous allez nous suivre bien sagement !
Lin	Où ça ?
Wu Xiangzi	Des déserteurs, hein ? Vous avez mis

	quelques dollars de côté, et vous pensez pouvoir vous planquer quelque part dans Pékin, pas vrai ? Avec de l'argent on se planque, sans argent on tourne bandit de grand chemin, n'est-ce pas ?
Chen	Qu'est-ce que ça peut t'foutre ? À moi tout seul j'm'en fais huit comme toi ! *(Il veut le battre)*
Song Enzi	Toi ? Dommage que tu aies déjà revendu ton fusil, pas vrai ? Sans flingot on ne peut rien contre ceux qui en ont un ! *(Il tapote l'arme qu'il porte sur lui)* C'est moi qui peux me faire huit types comme toi !
Lin	Nous sommes tous frères, y'a pas besoin de tout ça. Nous sommes tous frères !
Wu Xiangzi	T'as bien raison ! Asseyons-nous et parlons. Vous voulez garder la vie, ou vous voulez garder votre pognon ?
Chen	C'est-à-dire que ce pognon, y'en a pas beaucoup et on l'a pas gagné facilement. Ceux qui voulaient bien nous filer une solde, il a fallu qu'on fasse la guerre pour eux. J'peux même plus vous dire combien qu'on a fait d'batailles !
Song Enzi	Mais… vous ne pouviez sûrement pas ignorer que la désertion, c'était un crime !
Lin	Discutons, discutons ! Vous avez reconnu qu'on était tous frères…
Wu Xiangzi	Voilà qui est parlé comme l'un des nôtres ! Discutons !
Wang Lifa	*(À la porte)* Messieurs ! La patrouille vient par ici !
Lin & Chen	Ah ! *(Pris de panique, ils veulent se réfugier à l'intérieur.)*
Song Enzi	Ne bougez pas ! Parole d'homme : donnez-nous la moitié de vos dollars, et on vous

promet que y'aura pas de problèmes ! Vous êtes des nôtres !

Lin & Chen   D'accord ! Nous sommes des vôtres.

(La patrouille rentre : d'abord deux porteurs d'épées — enroulées dans de l'étoffe rouge — avec le fusil sur le dos, suivis du porteur d'enseigne à la hampe en forme de flèche, puis de quatre soldats équipés de gourdins rouge et noir. Un officier ferme la marche.)

Wu Xiangzi   *(Il se met au garde-à-vous comme Song Enzi, Chen et Lin, et tire son insigne de sous son chapeau pour le présenter à l'officier)* Au rapport ! Nous venons de mener à bien ici même l'interrogatoire d'un déserteur !

L'officier   C'est lui ? *(Il désigne Liu le Grêlé.)*

Wu Xiangzi   *(Faisant de même)* Oui, c'est lui !

L'officier   Emballez-moi ça !

Liu le Grêlé   *(En hurlant)* Seigneur ! C'est pas moi ! C'est pas moi !

L'officier   Embarquez-le ! Vite fait bien fait ! *(Ils sortent tous ensemble.)*

Wu Xiangzi   *(À Song)* Y'a plus qu'à aller là derrière se choper un étudiant chacun !

Song Enzi   Allons-y ! *(Ils se hâtent vers l'arrière.)*

Rideau.

TROISIÈME ACTE

Personnages : Wang Dashuan, Maître Ming, Yu Houzhai, Zhou Xiuhua, Zou Fuyuan, Song Enzi le jeune, Wang Xiaohua, Wei Fuxi, Wu Xiangzi le jeune, Kang Shunzi, Fang le Sixième, Quatrième Aîné Chang, Ding Bao, Che Dangdang, Qin Zhongyi, Wang Lifa, la quatrième Dame Pang, Petit Cœur, deux clients de la maison de thé, Chun Mei, le directeur Shen, Liu le Grêlé le jeune, Vieux Yang, les quatre agents de la Police militaire, l'employé de la compagnie d'électricité, Erdezi le jeune, Tang le Devin le jeune, Xie Yongren.

La scène : dans la maison de thé Yutai, comme aux deux premiers actes. Après la victoire dans la Guerre de Résistance contre le Japon, alors que les agents secrets du Guomindang et les soldats américains imposent leur loi à Pékin[8]. En automne, à l'aube.

---

[8] Après la reddition officielle du Japon le 2 septembre 1945, les premières troupes américaines (3e Corps amphibie des *US Marines*) débarquèrent en Chine pour organiser le rapatriement des 600 000 soldats japonais présents sur le continent et protéger les intérêts américains (Opération *Beleaguer*). Elles entrèrent dans Pékin début octobre 1945 ; en parallèle l'aviation américaine organisa le transport de 50 000 soldats nationalistes à partir de Chine du Sud entre le 6 et le 29 octobre, ce qui poussa les communistes à accuser les États-Unis de partialité. L'action du troisième acte se déroule donc fin 1945 ou début 1946. Il y eut des soldats américains en Chine jusqu'en mai 1949 ; la capitale était tombée aux mains de l'Armée populaire de Libération dès janvier 1949, avec la reddition de 250 000 soldats nationalistes.

Au lever du rideau : maintenant, la maison de thé Yutai n'a plus du tout la même allure distinguée qu'au cours des actes précédents. Plus de chaises en rotin, qui ont été remplacées par des bancs et des tabourets. La pièce et les meubles ont l'air uniformément sombre et sans joie. Si quelque chose était susceptible d'attirer le regard, ce serait les affiches, encore plus nombreuses qu'auparavant et aux caractères toujours plus grands, proclamant « Ici on ne parle pas politique ». À ces affiches en ont été rajoutées d'autres, indiquant : « On paye d'avance ».

Il est tôt le matin et les volets n'ont pas encore été ôtés. Le fils de Wang Lifa, Wang Dashuan, met de l'ordre dans la salle, arborant une mine tristement déconfite.

Zhou Xiuhua, l'épouse de Wang Dashuan, rentre en scène par l'arrière en tenant sa petite fille Wang Xiaohua, « Petite Fleur », par la main. Elles parlent en s'avançant.

Petite Fleur	Maman, tu pourrais me faire une soupe aux nouilles bien chaude pour le déjeuner ? Ça fait si longtemps qu'on n'en a pas mangé !
Zhou Xiuhua	Je sais, ma chérie ! Mais on ne sait jamais quand il y a de la farine à acheter. Et même si par hasard il y en a en boutique, cela ne veut pas dire que nous aurons de l'argent au bon moment. Ah !
Petite Fleur	Alors, espérons que tout tombera bien cette fois, maman !
Zhou Xiuhua	C'est très bien de garder espoir, mais ce n'est pas aussi simple. Va, Petite Fleur, et fais attention aux jeeps en chemin !
Wang Dashuan	Petite Fleur, attends !
Petite Fleur	Qu'est-ce qu'il y a, papa ?
Wang Dashuan	Hier soir…
Zhou Xiuhua	Je le lui ai déjà dit. Elle a très bien compris.
Wang Dashuan	Tu ne dois parler à personne de ton

oncle Dali ! Si tu en dis un mot, nous sommes tous morts. Tu m'entends ?

Petite Fleur   Je ne dirai rien, je ne dirai rien même s'ils me battent à mort ! Si quelqu'un me demande si Oncle Dali est revenu ou pas, je répondrai : il est parti il y a des années, et on a eu aucune nouvelle.

(Kang Shunzi rentre en scène par l'arrière. Elle est un peu voûtée, mais encore vigoureuse. Elle appelle en s'avançant.)

Kang Shunzi   Petite Fleur ! Petite Fleur ! Tu es encore là ?

Petite Fleur   Grand-mère Kang ! Qu'est-ce qu'il y a ?

Kang Shunzi   Petite Fleur, ma chérie ! Grand-mère voulait te voir une dernière fois ! *(Elle lui caresse la tête)* Comme tu es jolie ! Mais tu n'as pas assez à manger, autrement tu serais encore plus belle !

Zhou Xiuhua   Ma tante, vous allez partir ?

Kang Shunzi   Oui ! Je pars, pour que vous ayez une bouche de moins à nourrir. Et c'est moi qui ai élevé Dali, je dois le suivre s'il le veut. Quand je suis arrivée ici, il était encore plus petit que Petite Fleur…

Petite Fleur   Oncle Dali ! Mais maintenant il a l'air si fort, si courageux !

Kang Shunzi   Oh oui, et bien qu'il soit resté si peu de temps, son retour m'a fait rajeunir de plusieurs années d'un coup ! Je ne possède rien au monde — mais en le revoyant, j'ai l'impression que le monde entier m'appartient ! Je pars — je pars avec lui — les privations et la souffrance me seront douces ! Je le vois avec ses deux grandes mains et ses deux grands pieds, il a bien l'air d'un de ces gaillards qui peuvent faire trembler le monde !

Petite Fleur	Grand-mère, je pars aussi avec vous !
Kang Shunzi	Petite Fleur, si tu vas bien sagement à l'école, je reviendrai te voir !
Wang Dashuan	Petite Fleur, il faut y aller, ne sois pas en retard.
Petite Fleur	Grand-mère, attendez que je sois revenue de l'école pour vous en aller !
Kang Shunzi	Aya ! Aya ! Va, va, ma chérie !

(Petite Fleur quitte la scène.)

Wang Dashuan	Ma tante, est-ce mon père qui vous force à partir ?
Kang Shunzi	Il ne s'est pas encore décidé. Ceci dit, si jamais quelqu'un apprend que Dali est revenu et que je suis partie si brusquement, j'ai bien peur qu'ils veuillent vous faire un tas d'ennuis ! Ces derniers temps, ils raflent des gens tous les jours ! Je ne veux pas vous faire de tort !
Zhou Xiuhua	Ma tante, allez de votre côté ; il n'y a plus de survie que dans la fuite. Nos clients ne se murmurent-ils pas que si l'on veut vivre, il faut se réfugier sur les monts de l'Ouest, là où est l'Armée rouge[9] ?
Wang Dashuan	C'est vrai !
Kang Shunzi	Madame Xiuhua, venez, discutons-en encore un peu. Je ne peux pas ne penser qu'à moi-même et vous laisser souffrir par ma faute ! Et vous, grand-frère, réfléchissez-y bien vous aussi ! *(Elle sort avec Xiuhua)*

(Ding Bao fait son entrée)

| **Ding Bao** | Ah, patron, je suis là ! |

---

[9] Pékin étant tenue par les troupes nationalistes, les soldats communistes de la Huitième armée de route se cantonnaient aux alentours de la ville, d'où ils menaient leurs opérations de guérilla. Les heurts endémiques ne se muèrent en véritable guerre civile qu'à partir du printemps 1946.

Wang Dashuan	Et qui êtes-vous ?
Ding Bao	Je suis Petite Ding Bao ! Liu le Grêlé le jeune m'a dit de venir, il a dit que le patron l'a chargé de trouver une hôtesse.
Wang Dashuan	Mademoiselle, jetez un coup d'œil autour de vous, vous voyez l'état de cet établissement ? Que voulez-vous qu'on fasse d'une hôtesse ? C'est mon vieux père le gérant, s'il a eu cette idée c'est qu'il est tombé bien bas !

(Wang Lifa fait lentement son apparition, il semble encore vigoureux, mais est habillé sans aucun soin.)

Wang Lifa	Mon fils, comment oses-tu toujours médire sur ton vieux père dans son dos ! Qui est tombé assez bas pour avoir eu quelle idée ? Et qu'attends-tu pour descendre les volets ! On n'a pas idée d'être encore fermés à cette heure !

(Dashuan va ôter les volets.)

Ding Bao	Patron, vous allez bien ?
Wang Lifa	Ouais ! Si je pouvais m'enfiler trois grands bols de nouilles en sauce à la viande, ça irait beaucoup mieux… Mais on fera sans ! Quel âge avez-vous, Mademoiselle ? Moins de vingt ans ?
Ding Bao	Dix-sept ans !
Wang Lifa	Dix-sept ans seulement ?
Ding Bao	Oui ! Maman est veuve, c'est elle qui m'a élevée. Après la victoire, le gouvernement a déclaré que la petite maison que mon père nous avait laissée était un « bien de traître », et nous l'a confisquée ! Maman en est morte de rage, et moi je suis devenue hôtesse. Patron, j'ai toujours pas compris ce que ça voulait dire, « bien de traître », vous savez peut-être ?

| **Wang Lifa** | Mademoiselle, vous devriez surveiller un peu vos propos ! Un mot de travers, et tout peut devenir « bien de traître ». Voyez, là-bas derrière, c'était l'entrepôt de M. Qin, quelqu'un s'en est aperçu, a dit que c'était des « biens de traître », et tout est parti ! C'est comme ça que ça se passe ! |

(Retour de Dashuan.)

Ding Bao	Patron, vous avez bien raison ! Même moi je suis un « bien de traître »… et je dois servir tous ceux qui ont le bras long… Putain, j'ai dix-sept ans, mais j'ai souvent l'impression que je ferais mieux d'être morte ! Une fois morte je serais un cadavre bien propre – alors qu'avec ce boulot, je pourris toute vivante !
Wang Dashuan	Père, vous voulez vraiment embaucher une hôtesse ?
Wang Lifa	Eh bien, j'ai dû en parler sans faire attention à Liu le Grêlé le jeune… Le changement, j'ai toujours été pour… Et de voir que les affaires marchaient si mal, je m'inquiétais !
Wang Dashuan	Vous vous inquiétiez… et moi donc ! Mais avez-vous oublié la réputation de notre bonne vieille maison Yutai ? Un nom porté fièrement plus de soixante ans… Et vous, vous voulez employer des hôtesses !
Ding Bao	Quelle réputation pour quelle vieille maison ? Plus c'est vieux, moins ça vaut de pognon ! Vous me croyez pas ? Si j'avais vingt-huit ans au lieu de dix-sept, et même si je m'appelais « Bébé Ding » ou « Petit Trésor », personne me jetterait un seul regard !

(Deux clients rentrent)

Wang Lifa Ces messieurs sont bien matinaux ! Vous avez amené vos feuilles de thé ? Fils, va chercher de l'eau chaude ! *(Dashuan sort)* Messieurs, je vous demande pardon, mais il faut payer d'avance.

Client A Hein ? On n'a jamais vu ça !

Wang Lifa Moi non plus je n'avais jamais vu ça, et pourtant je tiens cette maison depuis des dizaines d'années ! Mais tentez de comprendre : le prix du thé et des boulettes de charbon augmente d'instant en instant, et si ça se trouve, le temps que vous buviez votre thé, le prix en aurait encore grimpé ! Vous voyez, le paiement d'avance nous éviterait à tous des déceptions !

Client B À ce compte-là, ne rien boire nous en évitera encore plus ! *(Il sort avec l'autre client.)*

Wang Dashuan *(Avec la bouilloire)* Comment ? Ils sont partis ?

Wang Lifa Maintenant tu comprends !

Ding Bao Si j'étais arrivée à ce moment-là pour leur minauder un « Vous voilà enfin, petits vauriens ! », ils auraient sûrement dépensé un bon dollar d'argent !

Wang Lifa Ah, toi, mon fils, tu es plus têtu qu'une pierre !

Wang Dashuan *(Il pose la bouilloire)* Bon… je vais prendre l'air, ça devient irrespirable ici ! *(Il sort.)*

Wang Lifa Irrespirable, dis-tu ? Et moi, alors… j'étouffe carrément !

(Liu le Grêlé le jeune rentre en scène, vêtu d'un costume occidental, une serviette de cuir sous le bras.)

Liu le Grêlé le jeune Ah, Ding Bao, t'es déjà là ?

Ding Bao Tu en as donné l'ordre… Aurais-je osé désobéir ?

Liu le Grêlé le jeune Monsieur Wang, qu'est-ce que vous pensez du petit bijou que j'vous ai dégoté ? Une vraie beauté, le bon âge, élégante et expérimentée… Une affaire exceptionnelle !

Wang Lifa Justement, j'ai peur qu'elle ne soit au-dessus de mes moyens.

Liu le Grêlé le jeune C'est pas un problème ! Elle veut même pas de salaire. Pas vrai, ma petite ?

Wang Lifa Comment ça, pas de salaire ?

Liu le Grêlé le jeune Vous inquiétez pas pour ça, mon vieux, et faites ce que je dis ; Petite Ding Bao et moi, on a trouvé le bon arrangement. Pas vrai, ma petite ?

Ding Bao Que deviendraient le vice et l'injustice sans vos arrangements !

Liu le Grêlé le jeune L'injustice ? Tu fais bien d'en parler. À l'époque, mon père a été arrêté ici même. Si tu me crois pas, demande au patron. Pas vrai, patron ?

Wang Lifa Je l'ai vu, de mes yeux vu.

Liu le Grêlé le jeune Tu vois, ma petite, je dis pas que des conneries. Ils l'ont fait sortir, et là, dans la rue – TCHLAK ! Un grand coup de sabre. Pas vrai, patron ?

Wang Lifa J'ai très bien entendu le bruit…

Liu le Grêlé le jeune C'est pas du flan c'que j'raconte ! Hein ma petite ! Mais mon papa, c'qu'il a fricoté tout au long d'sa vie, au fond, ça a jamais valu grand-chose. Maintenant c'est à moi de m'y mettre, et j'ai pas l'choix, j'dois leur en foutre plein la vue à tous. *(Il ouvre sa serviette, sort un carnet)* Regarde, Ding Bao, regarde ce que j'ai prévu.

Ding Bao J'ai pas le temps ! Tiens, faut que je rentre chez moi, je dois me reposer pour venir travailler demain.

Wang Lifa	Ding Bao, je ne me suis pas encore décidé…
Liu le Grêlé le jeune	Patron, j'ai décidé pour vous ! Vous me croyez pas ? Attendez voir demain matin, avec cette petite qui se tiendra à l'entrée avec la tête un peu inclinée, comme ça… Vous aurez recta plus de deux cents clients ! Petite, écoute mon plan, ça te concerne.
Ding Bao	Hmmf ! J'aimerais autant pas…
Liu le Grêlé le jeune	Toi alors !… Ding Bao, tu ne positives pas assez. Ecoute donc !

(Un employé de la compagnie d'électricité se présente.)

L'employé	Monsieur le gérant, voilà la facture d'électricité !
Wang Lifa	La facture ? Je vous dois combien ?
L'employé	Trois mois.
Wang Lifa	Attendez encore trois mois, ça fera un semestre tout rond ! Pour l'instant je ne peux rien pour vous.
L'employé	Mais qu'est-ce que c'est que ce langage !
Liu le Grêlé le jeune	C'est l'authentique langage de la vérité ! Cet endroit appartient au directeur Shen. Vous savez qui c'est, le directeur Shen ? Membre du comité municipal du parti et chef de bureau à l'état-major de la Police militaire ! Vous voulez aller le voir pour qu'il paye sa note ? Hein ?
L'employé	Dit comme ça, bien sûr… Veuillez m'excuser, j'ai dû me tromper de porte ! *(Il sort)*
Liu le Grêlé le jeune	Alors, patron, vous voyez qu'il est bon de m'écouter ! Vos méthodes qui remontent à l'Empire, elles sont complètement obsolètes !
Wang Lifa	Vous avez raison ! D'ailleurs ne dit-on pas qu'il faut apprendre tout au long de

sa vie ? J'en ai encore beaucoup à apprendre !

Liu le Grêlé le jeune Ça, c'est parlé !

(Tang le Devin le jeune rentre, vêtu d'une robe de soie doublée, des chaussures en satin neuves aux pieds.)

Liu le Grêlé le jeune Ayo ! Putain d'sa mère, si c'est pas Tang le Devin le jeune qui s'amène !

Tang le Devin le jeune Ayo ! Putain d'sa mère, si ce n'est pas Liu le Grêlé le jeune que voilà ! Viens, viens par ici que ton grand-père te contemple ! *(Il l'examine sous toutes les coutures)* Eh ben mon mignon, un costard à l'occidentale, tu ne te refuses rien ! Et vu de dos, tu as plus l'air d'un Blanc qu'un vrai Blanc ! Monsieur Wang, la nuit, je consulte les étoiles ; la Polaire est particulièrement brillante ces jours-ci : ça veut dire qu'un nouveau Fils du Ciel va bientôt se manifester ! Alors vous verrez comment le jeune Liu et moi-même, et aussi cette demoiselle…

Liu le Grêlé le jeune La petite Ding Bao, célèbre dans tout Pékin !

Tang le Devin le jeune … Et aussi cette demoiselle Ding Bao, nous, tous aussi beaux et talentueux les uns que les autres, doués des vertus civiles et guerrières, nés à l'époque la plus propice, nous allons vivre les temps à venir comme des poissons dans l'eau ! Monsieur Wang, tournez le visage, bien droit comme cela, laissez-moi regarder… Bien, bien, vous avez le front qui brille, vous avez encore un peu de chance en réserve ! Allez, donnez-moi une tasse de thé !

Wang Lifa Tang le Devin le jeune !

Tang le Devin le jeune   Ne m'appelez plus ainsi ; je suis désormais Tang le Maître céleste[10] !

Liu le Grêlé le jeune   Et qui c'est qui t'a donné ce titre ?

Tang le Devin le jeune   Attends deux jours et tu le sauras.

Wang Lifa   Maître céleste, n'oubliez-pas : même si votre père a bu gratuitement chez moi toute sa vie, ce n'est pas un droit héréditaire !

Tang le Devin le jeune   Monsieur Wang, attendez que j'aie revêtu l'habit d'Immortel aux Huit Trigrammes, et vous regretterez ce que vous venez de dire ! Vous verrez !

Liu le Grêlé le jeune   Petit Tang, on ira boire un café dans un moment, Ding Bao nous tiendra compagnie. Mais en attendant, écoute-moi, j'ai quelque chose de sérieux à te dire, tu veux bien ?

Tang le Devin le jeune   Monsieur Wang, n'avez-vous pas songé au fait qu'un Maître céleste qui boirait aujourd'hui de votre thé pourrait bien vous obtenir un poste de magistrat de district demain ?… Bon, Liu, je t'écoute.

Liu le Grêlé le jeune   Je viens d'en parler avec Ding Bao, j'ai planifié quelque chose de grandiose.

Tang le Devin le jeune   Parfait ! Je suis tout ouïe !

Liu le Grêlé le jeune   Je vais créer un *trust*. C'est un mot américain, tu peux pas comprendre, en pékinois ça se dit « baoyuanr » – s'occuper de tout.

Tang le Devin le jeune   Bien sûr que je comprends ! Ça veut dire que tu veux maquer toutes les filles de la ville.

---

[10] Maître céleste : le plus haut grade de la hiérarchie de l'église taoïste du Un Orthodoxe. Le titre est héréditaire, théoriquement réservé aux descendants du fondateur de la secte des Cinq boisseaux de riz, Zhang Daolin, sous la dynastie des Han postérieurs.

Liu le Grêlé le jeune C'est ça ! T'as décidément pas la cervelle embourbée ! Ding Bao, écoute, t'es concernée de très près ! Et même M. Wang est concerné !

Wang Lifa Je suis là, j'écoute !

Liu le Grêlé le jeune Je vais rassembler les danseuses, les prostituées recensées et celles sans licence, les filles à soldats et les hôtesses de bar, en une seule organisation qui va faire un *trust* géant.

Tang le Devin le jeune *(Les yeux fermés)* Les officiels ont-ils été impliqués comme il convient ?

Liu le Grêlé le jeune Bien entendu ! Le directeur Shen sera le président du *trust*, je serai le directeur général !

Tang le Devin le jeune Et moi là-dedans ?

Liu le Grêlé le jeune Toi, si tu peux nous trouver un nom qui sonne bien, tu seras nommé conseiller !

Tang le Devin le jeune Pour mes indemnités, je ne veux pas être payé avec les torchons du gouvernement !

Liu le Grêlé le jeune On te versera chaque mois quelques bons billets américains bien craquants !

Tang le Devin le jeune Continue.

Liu le Grêlé le jeune Pour ce qui est du business, on aura quatre grandes divisions : Ventes et Achats, Transports, Formation, Services à la clientèle. Acheter une fille ou la revendre, en transporter une de Shanghai à Tianjin, ou la trimballer de Hankou à Chongqing, former une prostituée ou une hôtesse, fournir l'armée américaine ou les fonctionnaires de tous rangs… Tout sera pris en charge de façon unifiée, pour assurer le bonheur de tous. Qu'est-ce que t'en dis ?

Tang le Devin le jeune   Parfait ! Génial ! Du point de vue de la méthode, c'est conforme à tous les principes d'unification ; et du point de vue de la pratique, ça va d'abord permettre de répondre aux besoins des soldats américains, et ça, c'est bon pour le pays !

Liu le Grêlé le jeune Bien, à toi de réfléchir à un nom qui convient maintenant ! Trouve-nous quelque chose d'élégant, dans le genre des poèmes : « Sourcils en feuille de saule, yeux en noyau d'abricot, bouche semblable à une cerise… »

Tang le Devin le jeune   Mmmm… *Trust, trust*… ce n'est pas très élégant ! En transcription chinoise ça fait *tuo-la-si,* « tire-pousse-déchire » – tire-le d'là, pousse bien fort, si t'es pas sage j'te déchire en deux… On dirait une histoire de kidnapping et d'assassinat… Non, ce n'est décidément pas élégant !

Liu le Grêlé le jeune T'as raison, c'est pas élégant du tout ! Mais c'est de l'américain, c'est à la mode.

Tang le Devin le jeune   Il y aurait bien… quelque chose comme « Compagnie unifiée », ça sonne mieux, et surtout plus respectable.

Liu le Grêlé le jeune C'est comme tu l'sens ! « Compagnie unifiée » de quoi alors ?

Ding Bao   « Compagnie du Vice Unifié », ça vous irait bien.

Liu le Grêlé le jeune Ma petite Ding Bao, sois un peu sérieuse et arrête de dire des conneries. Si tu te débrouilles bien, tu peux même espérer devenir formatrice en chef pour les hôtesses d'accueil !

Tang le Devin le jeune Que penses-tu donc de ça : « Compagnie Unifiée de la Double Fraîcheur » ? C'est quoi, une fille ? Une fleur fraîche ! Et pour avoir une fille il faut en claquer de la fraîche ; fraîche et fraîche, donc Double Fraîcheur. — Il y a aussi une citation classique, ça vient des *Collines de la famille Wu* : « Bleues sont les montagnes, vertes sont les eaux, fraîche est la chair ». Pas mal, non ?

Liu le Grêlé le jeune Petit Tang, je te dis merci, merci ! *(Il lui secoue chaleureusement la main)* Je vais tout de suite en parler au directeur Shen, et dès qu'il aura approuvé ce choix tu seras nommé conseiller ! *(Il ramasse sa serviette et se prépare à partir.)*

Wang Lifa Eh ! Et pour Ding Bao, qu'est-ce que je fais ?

Liu le Grêlé le jeune Je vous ai dit que c'était pas la peine de vous en occuper ! Le trust se chargera de tout, ici je fais juste un tour d'essai.

Ding Bao Vous aviez pas dit qu'on irait boire un café ?

Liu le Grêlé le jeune Petit Tang, tu viens ou pas ?

Tang le Devin le jeune Allez-y tous les deux, moi j'attends des gens.

Liu le Grêlé le jeune Allons-y, ma petite !

Ding Bao À demain, patron ! Au revoir, Maître céleste ! *(Elle sort avec Liu.)*

Tang le Devin le jeune Patron, trouvez-moi donc un journal !

Wang Lifa Ah, je vais vous chercher ça… Il doit bien m'en rester d'il y a deux ans…

Tang le Devin le jeune Sottises !

(Trois clients rentrent : Maître Ming, Zou Fuyuan et Wei Fuxi. Maître Ming s'assied seul à une table, les deux autres restent ensemble.

Wang Lifa   Mes frères, veuillez m'excuser – il faut payer votre thé d'avance !

Maître Ming   Ce n'est pas grave, vieux frère !

Wang Lifa   Aya ! « Payer votre thé d'avance… » Ça m'écorche la bouche d'avoir à dire ça… *(Il se dépêche d'aller préparer le thé.)*

Zou Fuyuan   Alors, patron ? Ce soir, avez-vous prévu un conteur ?

Wang Lifa   J'ai essayé, ça n'a pas marché ! J'ai gâché de l'électricité sans un client de plus.

Zou Fuyuan   Ouais ! Voyez, hier soir j'étais à l'hôtel Huixian, j'ai récité les *Trois Héros et Cinq Justiciers*, les *Cinq Hégémons et Dix Royaumes*, les *Treize Guerriers extraordinaires*, les *Neuf Vieillards et les Quinze Enfants*… Et puis encore *La destruction du camp de la montagne au Phénix*, *les Cent Oiseaux qui rendent visite au Phénix*, et *le Gourdin qui s'abat sur la patte du Phénix*[11]… Et devinez donc combien de clients j'ai attirés ?

Wang Lifa   Combien ? À part vous, plus personne n'est capable de réciter tous ces contes.

Zou Fuyuan   Comme vous dites ! Mais il n'y a eu que cinq clients payants, et deux resquilleurs.

Wei Fuxi   Mon frère, quoi que tu en dises, ce sera toujours mieux que moi. Ça fait plus d'un mois que je me tourne les pouces !

Zou Fuyuan   Mais qui t'a dit de changer de voie et de te mettre à chanter de l'opéra ?

Wei Fuxi   J'ai la voix pour ça, et le style aussi.

Zou Fuyuan   Mais quand tu montes sur la scène, tu ne chantes pas comme il faut.

---

11 Ici l'auteur a déformé volontairement certains titres de contes ou de romans connus, et le sens de certaines références historiques.

Wei Fuxi	Je m'emmerde à chanter un opéra entier, sans même récolter assez de fric pour m'acheter trois misérables galettes ! Pourquoi je me fatiguerais ? Tu me prends pour un dingue ?
Zou Fuyuan	Aya ! Fuxi, nous autres, on est victimes de la chanson vulgaire et des horreurs modernes ! Qu'on vive ou qu'on meurt, à mon avis c'est secondaire, mais le plus dur c'est que d'ici quelques années notre art sera perdu ! Nous n'avons pas été à la hauteur de nos maîtres ! Un proverbe dit : « le Mal ne peut vaincre le Bien ». Mais notre époque est l'époque du Mal, et tout ce qui relève du Bien est en train de pourrir par la racine !
Wang Lifa	Aya ! *(Il se dirige vers la table de Maître Ming)* Maître Ming, ça faisait un bail que vous n'étiez pas revenu nous voir !
Maître Ming	… Pas eu le temps de sortir ! Je fais la cuisine pour la prison tout entière !
Wang Lifa	Vous ! Vous, le roi des banquets impériaux pour cent ou deux cent convives, on vous demande de cuire le pain pour les prisonniers !
Maître Ming	Et qu'est-ce que j'y peux ? Maintenant c'est en prison qu'il y a des clients ! Des banquets impériaux ? J'ai même dû revendre mes services de table !

(Fang le Sixième rentre en scène, tenant plusieurs peintures à la main.)

Maître Ming	Sixième Aîné, par ici ! Alors, pour les deux services ? J'attends l'argent !
Fang le Sixième	Maître Ming, choisissez une peinture à la place.
Maître Ming	Hein ? Que veux-tu que j'en fasse ?
Fang le Sixième	Mais c'est de la très grande peinture !

Elles sont de Dong Ruomei, de son nom d'artiste l'Ermite des Six Grands Sommets !

Maître Ming Elles sont peut-être magnifiques, mais on ne peut pas les manger.

Fang le Sixième Il a versé toutes les larmes de son corps en me les donnant !

Maître Ming Moi aussi j'ai versé toutes les larmes de mon corps quand je t'ai donné mes services de table !

Fang le Sixième Je sais bien qui pleure et qui mange de la viande ! Sinon je ne me ferais pas tant de nœuds au cerveau. Vous croyez que pour ce boulot, il suffit que je me balade en battant sur mon petit tambour[12] ?

Maître Ming Sixième Aîné, chaque homme doit garder un reste de conscience. Tu ne pourrais quand même pas escroquer un vieil ami ?

Fang le Sixième Quoi ! Après tout il ne s'agit que de deux services de table ! Rien de grave, n'en parlons plus : ce serait faire offense à l'amitié.

(Che Dangdang rentre en scène, en faisant sonner deux dollars d'argent.)

Che Dangdang Qui m'achète deux pièces d'argent ? Deux pièces d'argent ? Maître céleste, ça vous intéresse ?

(Tang le Devin le jeune ne répond pas.)

Wang Lifa Dangdang ! Va voir ailleurs ; je ne sais même plus de quoi ça a l'air, un dollar d'argent.

---

[12] Ici Fang fait allusion à l'un des divers instruments de musique ou bruiteurs caractéristiques dont se servaient les colporteurs et marchands de rue à Pékin pour se faire reconnaître à distance et attirer les clients dans les ruelles de la vieille ville. Le lecteur intéressé pourra consulter *Colporteurs des rues de Pékin : cris, bruits et produits (1936)*, de Samuel V. Constant (même éditeur).

Che Dangdang Eh bien, regardez ça de près ! C'est gratuit, pas la peine de prendre un ticket ! *(Il jette les pièces sur la table.)*

(La quatrième Dame Pang fait son apparition, accompagnée de Chun Mei. Elle a les doigts couverts de bagues et d'anneaux et sa tenue voyante la fait ressembler à un démon femelle. Vieux Yang le colporteur rentre derrière elle.)

Tang le Devin le jeune Votre Altesse !

Fang & Che Votre Altesse !

Quatrième Dame Pang Maître céleste !

Tang le Devin le jeune À votre service ! *(Il la fait asseoir et lui verse du thé.)*

Quatrième Dame Pang *(En s'apercevant que Che Dangdang cherche à sortir)* Dangdang, reste là !

Che Dangdang À vos ordres !

Vieux Yang *(En ouvrant sa malle)* Votre Altesse, regardez là-dedans !

Quatrième Dame Pang Chante-moi donc ta petite chanson, celle qui me fait tant rire !

Vieux Yang À vos ordres !

Des aiguilles et du fil,
Du dentifrice, des analgésiques,
Ne vous faites pas de bile,
Tout, tout vient d'Amérique !
Du rouge pour vos lèvres,
Du blanc pour la peau,
Des bas pour vos rêves,
Transparents comme de l'eau !
Ma malle n'est pas très grande,
Mais j'ai tout en contrebande.
La seule chose que je n'vends pas :
C'est la bombe A !

Quatrième Dame Pang Ha ha ha ! *(Elle choisit deux paires de bas)* Chun Mei, prends ça ! Dangdang, paye le vieux Yang !

Che Dangdang Votre Altesse, je vous en prie !

Quatrième Dame Pang   Avec ce que je t'ai filé en capital et les intérêts qui s'accumulent, combien me dois-tu ? Maître céleste, vérifie les comptes.

Tang le Devin le jeune   Oui, Votre Altesse ! *(Il sort un petit carnet.)*

Che Dangdang   Maître céleste, pas la peine de vous fatiguer, je payerai le Vieux Yang.

Vieux Yang   Votre Altesse, ayez pitié ! Il ne me versera jamais un sou.

Quatrième Dame Pang   Vieux Yang, il ne pourra pas te tromper tant que je serai là.

Vieux Yang   D'accord ! *(À la cantonade)* Y'en a d'autres qui veulent voir ce que j'ai ? *(Se remet à chanter)* « Des aiguilles et… »

Quatrième Dame Pang   J'en ai assez entendu ! Sors !

Vieux Yang   Compris ! « Des aiguilles et du fil, si je n'sors pas, j'suis l'roi des imbéciles ! » Viens, Dangdang ! *(Ils sortent.)*

Fang le Sixième   *(En s'avançant)* Votre Altesse, j'ai récupéré un service pour sacrifice en cloisonné, c'est de l'ancien, de l'authentique ! Et puis c'est pas cher. Il ferait très bien sur votre autel… Vous voulez y jeter un coup d'œil ?

Quatrième Dame Pang   Montre-les à l'Empereur.

Fang le Sixième   À l'Empereur… d'accord ! Il va bientôt monter sur le trône, pas vrai ? Je vous félicite à l'avance ! Je vais aller chercher le service de ce pas, et l'installer sur son autel. Votre Altesse lui touchera quelques mots en ma faveur ? J'aurai sûrement un petit quelque chose pour vous dans l'affaire… *(Il se dirige vers la sortie.)*

Maître Ming   Sixième Aîné, et mon affaire à moi ?

Fang le Sixième   Faut d'abord voir les peintures ! *(Il sort)*

Maître Ming   Attends ! Ah ! Tu veux m'arnaquer de deux services de table… Mais j'ai encore mon hachoir ! *(Il sort à sa poursuite.)*

Quatrième Dame Pang   Monsieur le gérant, est-ce que Maman Kang est là ? Faites-la venir, s'il vous plaît !

Tang le Devin le jeune   J'y vais ! *(Il court vers l'arrière.)* Madame Kang ! Voudriez-vous venir ici !

Wang Lifa   Qu'est-ce que vous lui voulez ?

Tang le Devin le jeune   Affaire d'État !

(Kang Shunzi rentre en scène.)

Kang Shunzi   Que se passe-t-il ?

Quatrième Dame Pang   *(En venant à sa rencontre)* Belle-mère ! Je suis la femme de votre quatrième neveu, et je suis venu vous voir. Prenez place ! *(Elle attire Kang Shunzi, la fait asseoir.)*

Kang Shunzi   La femme de mon quatrième neveu ?

Quatrième Dame Pang   Oui ! Quand vous avez quitté la famille Pang, je n'y étais pas encore rentrée.

Kang Shunzi   J'ai coupé tous les ponts avec eux. Que me voulez-vous ?

Quatrième Dame Pang   Haishun, votre quatrième neveu, a le rang de Grand Sacrificateur dans la société secrète des Trois Augustes, il est aussi membre important du Parti nationaliste, frère juré du directeur Shen… Et il va bientôt devenir empereur ! Ça ne vous fait pas plaisir ?

Kang Shunzi   Comment ça, empereur ?

Quatrième Dame Pang   Ah ! Ses « robes de Dragon » sont déjà toutes cousues. Il va devenir l'Empereur des monts de l'Ouest.

Kang Shunzi   Des monts de l'Ouest ?

Tang le Devin le jeune   Madame, la Huitième armée de route communiste est sur les monts de l'Ouest. Si le quatrième Aîné Pang devient Empereur là-bas et anéantit les communistes, le gouvernement de Nankin donnera forcément son accord !

Quatrième Dame Pang   Le quatrième Aîné est prêt, si bien qu'il a pris de l'avance sur l'alcool et les femmes ces derniers temps. Il s'est même déjà procuré un bon nombre de concubines.

Tang le Devin le jeune   Votre Altesse, être Empereur c'est « Trois Palais, neuf Cours, soixante-douze concubines » : c'est dans les livres, vous pouvez vérifier.

Quatrième Dame Pang   Tu n'es pas Impératrice, tu n'as pas idée de ce qu'une impératrice doit subir !… Madame, voilà ce que j'en pensais : si vous en êtes d'accord, je vous fais devenir impératrice douairière, et à nous deux on pourra tenir l'Empereur en main. Ça sera d'autant plus facile pour moi, l'Impératrice, n'est-ce pas ? Madame, venez avec moi, vous ferez bombance et vous ne manquerez plus jamais d'espèces sonnantes et trébuchantes ! Vous ne pourriez rêver mieux !

Kang Shunzi   Et si je refuse ?

Quatrième Dame Pang   Hein ? Vous refuseriez ?

Tang le Devin le jeune   Laissez Madame réfléchir !

Kang Shunzi   Inutile d'y réfléchir, je n'ai aucunement l'intention de me rabibocher avec la famille Pang. Quatrième belle-fille, soyez Altesse comme vous l'entendez, je reste ici comme vieille domestique besogneuse, et occupons-nous chacune de nos propres affaires. Ah ! Vous me faites les gros yeux, vous croyez me faire peur ? Ça fait pas mal d'années que je roule ma bosse, je me suis un peu endurcie. Si on me fait les gros yeux, moi je risque de frapper ! *(Elle se lève et retourne vers l'arrière.)*

Tang le Devin le jeune   Madame ! Madame !

Kang Shunzi   *(Elle s'arrête et se retourne vers Tang)* Et toi, mon gaillard, arrête de courber l'échine et va bosser pour gagner ton bol de riz honnêtement, ça te fera le plus grand bien. *(Elle sort)*

Quatrième Dame Pang   *(En déversant sa rage sur Wang Lifa)* Gérant Wang, venez par ici ! Vous allez causer à cette vieille harpie et si vous la décidez, je vous fais livrer un plein sac de farine blanche ! Sinon, je fais détruire cette maison de thé. Maître céleste, partons !

Tang le Devin le jeune   Patron, je reviens ce soir pour avoir votre réponse.

Wang Lifa   Et si je meurs cette après-midi ?

Quatrième Dame Pang   Peuh ! C'est tout ce que vous méritez ! *(Elle sort avec Tang et Chun Mei.)*

Wang Lifa   Hmmff !

Zou Fuyuan   Mon cher condisciple, si ça ce n'était pas une sacrée scéance ! Ha ha ha !

Wei Fuxi   Je connais plus de deux cents pièces d'opéra, mais je n'ai rien compris à celle-ci ! Sais-tu d'où sort cette bonne femme ?

Zou Fuyuan   Et comment que je le sais ! C'est la fille de Dong le Caïd… Elle était fille-mère avant même d'avoir quitté sa famille… Allons, pas de ragots, ne soyons pas mauvaises langues…

(Retour de Wang Dashuan.)

Wang Lifa   Reste là un moment, fils. Je vais à l'arrière pour discuter de quelque chose ! *(Il sort)*

Erdezi le jeune *(On l'entend crier à l'extérieur)* Hors de mon chemin ! *(Il rentre)* Grand-frère Dashuan, remplis-moi une bonne théière, j'ai du pèze ! *(Il sort quatre dollars d'argent de sa poche et les dépose un à un sur une table)* Compte voir un peu, je viens de claquer un dollar, y'en a encore quatre, si j'reçois cinq *mao* par raclée que j'leur mets, combien j'en ai cogné ?

Wang Dashuan Dix.

Erdezi le jeune *(En comptant sur ses doigts)* Ouais, t'as raison ! Quatre avant-hier, six hier, sûr qu'ça fait dix ! Grand-frère Dashuan, prends-en deux ! Quand j'ai pas une thune, j'bois ton thé gratos. Si j'ai des ronds, j't'en file ! Prends ! *(Il souffle sur l'une des pièces et la met à son oreille en écoutant attentivement)* Celle-ci, c'est d'la bonne, elle vaut bien double, elle est pour toi !

Wang Dashuan *(Sans prendre l'argent)* Erdezi le jeune, où as-tu trouvé un aussi bon boulot ? Ce n'est pas si facile de gagner des vrais dollars !

Erdezi le jeune C'est pour prendre des cours…

Wang Dashuan Toi ? Tu confondrais le caractère pour « un » avec ceux pour « palanche »[13] ! Quels cours pourrais-tu bien prendre !

Erdezi le jeune *(Il empoigne la théière sur la table, boit directement au bec, et dit à voix basse)* C'est le comité municipal du Parti qui m'envoie à l'école… j'vais à l'Institut d'études politiques. Jamais eu une mission si bonarde. Ouais ! C'est vraiment le pied ! Bien mieux que ce que j'faisais à Tianqiao ! Pour

---

[13] Les palanches les plus rustiques, de simples planches étroites de bambou ou de bois, ressemblent en effet beaucoup au caractère pour « un » : 一 !

chaque étudiant à qui j'casse la gueule, un demi-dollar dans la popoche ! Hier combien j'm'en suis fait déjà ?

Wang Dashuan Six.

Erdezi le jeune Ouais, six ! Dont deux gonzesses ! Deux p'tits coups dans la gueule, et elles s'étalent ! C'est le pied, j'vous dis ! Grand-frère Dashuan, tâte un peu ça, tâte ! *(Il tend le bras)* C'est du béton armé ! Cogner avec ça sur les étudiants, mecs ou nanas, c'est pas le pied d'après toi ?

Wang Dashuan Ils sont si naïfs qu'ils se laissent bien gentiment taper dessus ?

Erdezi le jeune Je choisis les plus naïfs pour taper d'ssus ! Tu me prends pour un idiot ?

Wang Dashuan Erdezi le jeune, écoute-moi ! Ce n'est pas bien de taper sur les gens !

Erdezi le jeune Ça dépend des fois ! Quand ce type, là, le « Directeur du département de formation et de doctrine » du Parti, quand y donne un cours y commence par poser son pétard sur la table ! Moi j'fais que donner quelques coups par-ci par-là, j'utilise pas de flingue !

Wang Dashuan « Directeur du département de formation… » Tu parles ! Un voyou, oui !

Erdezi le jeune Ouais ! Un vrai voyou ! Mais euh… non, sinon j'en suis un aussi ! Grand-frère, tu serais pas en train de tourner autour du pot pour m'insulter, quand même ? Y'a pas, toi au moins t'es pas un crevard ! T'as pas peur de mes biceps en béton !

Wang Dashuan Et même si tu me battais à mort, si je ne cédais pas, c'est moi qui gagnerais à la fin, pas vrai ?

Erdezi le jeune Hein ? Comment tu fais pour sortir des

trucs aussi tordus ? Grand-frère Dashuan, tu devrais rentrer au Département de formation-machin, t'en as là d'dans ! Bon, en tout cas, pour aujourd'hui, je taperai pas d'étudiants.

Wang Dashuan Comment ça, pour aujourd'hui ? Il ne faut plus jamais leur taper dessus !

Erdezi le jeune C'est qu'aujourd'hui j'ai une autre mission !

Wang Dashuan Quelle autre mission ?

Erdezi le jeune Aujourd'hui, j'cogne sur des profs !

Wang Dashuan Comment ça, tu cognes sur des profs ? Si ce n'est pas bien de battre les étudiants, tu crois que ça l'est de battre leurs professeurs ?

Erdezi le jeune C'que les chefs m'envoient faire, je l'fais ! Y disent que les profs, y veulent faire grève. Quand on fait grève on marche pas droit, et qui marche pas droit, faut cogner d'ssus ! Y m'ont ordonné d'attendre ici, et de cogner si j'vois un prof !

Zou Fuyuan *(Changeant brusquement de teint)* Mon frère, allons-nous en !

Wei Fuxi Oui, partons ! *(Il sort avec Zou.)*

Erdezi le jeune Grand-frère Dashuan, prends cette pièce d'argent, quoi !

Wang Dashuan Je ne veux pas de l'argent gagné avec le passage à tabac d'une étudiante.

Erdezi le jeune *(En prenant une autre pièce)* D'accord, je change, celle-ci j'l'ai eue pour un mec, ça te va ? *(Il voit Wang secouer la tête)* Bon, c'qu'on va faire : tu gardes l'œil ouvert pour moi. Moi, je sors acheter quelques bonnes choses à manger, j't'invite, après tout la vie c'est fait pour bouffer, boire et s'amuser un peu, hein ? *(Il ramasse son argent et sort.)*

(Kang Shunzi revient, avec un petit sac. Wang Lifa et Zhou Xiuhua la suivent.)

Kang Shunzi Monsieur, si vous changez d'idée, si vous ne le voulez pas que je parte, je reste.

Wang Lifa Je…

Zhou Xiuhua De toute façon, la mère Pang n'osera pas faire détruire la maison de thé !

Wang Lifa Qu'en sais-tu ? Depuis quand la Société des Trois Augustes apprécie-t-elle qu'on lui résiste ?

Kang Shunzi C'est surtout l'histoire de Dali qui m'inquiète ! Si jamais la nouvelle s'ébruite qu'il est passé par ici, c'est votre famille qui est finie ! Et ce sera plus grave que la destruction de la maison.

Wang Dashuan Ma tante, vous devez fuir ! Je vous accompagne. Papa, je vais avec la vieille dame, ça te va ?

Wang Lifa Hmmm…

Zhou Xiuhua Notre tante a travaillé très dur ici pendant tant d'années, elle nous a tellement aidés, il est de son devoir de l'escorter !

Wang Lifa Je n'ai pas dit qu'il ne devait pas y aller ! Qu'il y aille ! Qu'il l'accompagne !

Wang Dashuan Ma tante, attendez ici, je vais prendre un manteau. *(Il sort.)*

Zhou Xiuhua Père, qu'est-ce qui ne va pas ?

Wang Lifa Laisse-moi tranquille ! Tout est si confus dans ma tête… ça n'a jamais été aussi confus ! Ma bru, pars devant avec ta tante, je dirai à ton mari de vous rattraper. Ma tante, si ça ne se passe pas bien là-bas, vous n'aurez qu'à revenir !

Zhou Xiuhua Chère vieille dame, ici ce sera toujours chez vous !

Wang Lifa Qui sait ? Peut-être un jour…

| **Kang Shunzi** | Moi non plus, je ne vous oublierai jamais ! Monsieur, portez-vous bien ! *(Elle sort avec Zhou Xiuhua.)* |

| **Wang Lifa** | *(Il fait deux pas pour les accompagner, puis s'arrête)* Me porter bien ? Mais… à quoi bon ? |

(Xie Yongren et Yu Houzhai rentrent en scène.)

Xie Yongren *(Après avoir lu les annonces au mur, il pose de l'argent sur la table)* Grand-père, amenez-nous une théière. *(Ils s'assoient)*

Wang Lifa *(En ramassant l'argent)* Très bien.

Yu Houzhai Yongren, j'ai bien peur que ce soit la dernière fois que nous nous asseyons ensemble dans un salon de thé ?

Xie Yongren Il est probable que je revienne souvent ! Je me suis décidé pour mon nouveau métier : je vais me faire conducteur de vélopousse.

Yu Houzhai Conducteur de vélopousse… Même ça, c'est sûrement mieux qu'instituteur !

Xie Yongren S'obstiner à enseigner l'éducation physique, alors que les élèves crèvent de faim, tout comme moi ! Et on veut encore nous obliger à faire du sport ? Quelle bonne blague !

(Petite Fleur rentre en courant.)

Wang Lifa Petite Fleur, pourquoi rentres-tu si tôt de l'école ?

Petite Fleur Les professeurs sont en grève ! *(Elle aperçoit Yu et Xie)* Professeur Yu, Professeur Xie ! Vous n'êtes pas venus à l'école nous faire cours ? Mais il le faut ! Quand on n'a pas vu les maîtres, on s'est tous mis à pleurer ! On s'est réunis, on a discuté, on promet d'être tous bien sages et de ne plus jamais vous mettre en colère !

Yu Houzhai	Petite Fleur ! Les professeurs ne souhaitent pas non plus vous faire prendre du retard dans vos cours. Mais quand on n'a pas assez à manger, comment peut-on enseigner correctement ? Nous aussi, nous avons une famille et des enfants, et si nos enfants doivent souffrir de la faim pour que nous puissions enseigner aux enfants des autres, n'est-ce pas injuste ? Bonne petite, ne t'inquiète pas. Nous allons à une réunion, peut-être allons-nous tous trouver une solution.
Xie Yongren	Reste chez toi à bien réviser tes leçons, et ne traîne pas n'importe où, Petite Fleur !

(Wang Dashuan revient de l'arrière, serrant un petit baluchon.)

Petite Fleur	Papa, voilà mes deux professeurs !
Wang Dashuan	Messieurs les professeurs, partez d'ici bien vite ! Il y a un sbire en embuscade !
Wang Lifa	Qui ça ?
Wang Dashuan	Erdezi le jeune ! Il vient juste de sortir, il va revenir très vite !
Wang Lifa	Messieurs, reprenez votre argent *(Il leur tend leur argent),* s'il vous plaît ! Vite !
Wang Dashuan	Suivez-moi !

(Retour de Erdezi le jeune.)

Erdezi le jeune	Y'a des manifs dans la rue, on peut acheter que dalle ! Grand-frère Dashuan, tu vas où ? C'est qui ces deux-là ?
Wang Dashuan	Des clients ! *(Ils se dirigent vers la sortie.)*
Erdezi le jeune	Halte ! *(Ils continuent)* De quoi ? Z'obéissez pas ? Une bonne raclée et on verra !
Wang Lifa	Erdezi le jeune !
Erdezi le jeune	*(Lançant le poing)* Goûte un peu ça !
Xie Yongren	*(Qui répond par une gifle et un coup de pied)* Non, toi, goûte ça !

Erdezi le jeune	Ayo ! *(Il tombe à la renverse.)*
Petite Fleur	Bien fait pour toi ! Bien fait !
Xie Yongren	Lève-toi ! Allez, bats-toi !
Erdezi le jeune	*(Se relève en se couvrant le visage)* Ah ! Ah ! *(Il recule)* Ah !
Wang Dashuan	Partons vite *(Il tire les deux hommes vers la sortie.)*
Erdezi le jeune	*(Passant sa colère sur Wang Lifa)* Attends de voir, le vieux ! Tu les as laissés partir, j'te réglerai ton compte un d'ces jours. J'ai pas pu leur mettre une raclée, mais ça veut pas dire que j'pourrai pas cogner un vieux débris comme toi ! *(Il sort.)*
Petite Fleur	Grand-père ! Grand-père ! Il va les poursuivre ? Il ne faut pas !
Wang Lifa	Il n'osera pas ! J'en ai vu plein de ce genre de types, ils oppriment les faibles, mais ils ont peur des forts !
Petite Fleur	Mais s'il revient pour te battre ?
Wang Lifa	Moi ? Grand-père saura dire ce qu'il faut.
Petite Fleur	Et papa ? Qu'est-ce qu'il est allé faire ?
Wang Lifa	Il est sorti un moment, ne t'en fais pas ! Va réviser tes leçons à l'arrière, ma chérie !
Petite Fleur	Mes professeurs, j'espère qu'il ne leur est rien arrivé ! Je suis si inquiète ! *(Elle sort.)*

(Ding Bao rentre en courant.)

Ding Bao	Patron, patron ! J'ai un truc à vous dire !
Wang Lifa	Parlez, Mademoiselle.
Ding Bao	C'est Liu le Grêlé le jeune, il joue pas franc jeu ! Il veut mettre le grappin sur votre salon.
Wang Lifa	Comment ça ? Qu'est-ce qui peut l'intéresser dans une maison de thé toute délabrée comme celle-ci ?
Ding Bao	Ils vont arriver dans pas longtemps, j'ai pas le temps de vous expliquer, il faut que vous trouviez quelque chose !

Wang Lifa	Mademoiselle, je vous remercie !
Ding Bao	Je suis venue vous avertir en toute bonne foi, surtout ne leur dites pas que ça vient de moi !
Wang Lifa	Mademoiselle, je ne suis pas encore complètement gâteux. Rassurez-vous !
Ding Bao	Très bien ! À bientôt ! *(Elle sort)*

(Retour de Zhou Xiuhua)

Zhou Xiuhua	Père, ils sont bien partis.
Wang Lifa	Parfait !
Zhou Xiuhua	Dashuan vous fait dire de ne pas vous inquiéter, il reviendra dès qu'ils seront parvenus à destination.
Wang Lifa	Qu'il revienne ou qu'il y reste, qu'importe !
Zhou Xiuhua	Père, que se passe-t-il ? Pourquoi avez-vous l'air si affligé ?
Wang Lifa	Ce n'est rien ! Ce n'est rien ! Va donc voir Petite Fleur. Ne voulait-elle pas une soupe aux nouilles ? S'il reste un peu de farine, fais-lui-en un bol, la pauvre gamine me fait vraiment pitié, elle n'a rien à manger !
Zhou Xiuhua	Il n'y a plus un grain de bonne farine de blé dans cette maison… Je vais voir si je peux lui faire une bouillie avec ce qu'on a.

(Retour de Tang le Devin le jeune.)

Tang le Devin le jeune	Monsieur Wang, vous l'avez convaincue ?
Wang Lifa	Ce soir… je vous donne une réponse ce soir, sans faute !
Tang le Devin le jeune	Monsieur, vous avez dit que mon père a bu gratuit ici toute sa vie, alors je vais vous donner quelques conseils qui pourraient bien vous sauver la vie, histoire de régler mes dettes. En vérité, la Société des Trois Augustes a aujourd'hui encore

plus de pouvoir que quand les Japonais étaient là. Ils peuvent vous briser plus facilement qu'ils ne le feraient d'un pot de terre. Alors ne jouez pas trop au malin avec eux !

Wang Lifa   Je sais bien ! Mais puisque vous me voulez du bien, ne pourriez-vous aller dire deux mots en ma faveur à Son Altesse ? Qu'en pensez-vous ?

(Song Enzi le jeune et Wu Xiangzi le jeune rentrent, vêtus de costumes occidentaux neufs.)

Tang le Devin le jeune   Messieurs, vous êtes bien affairés aujourd'hui !

Song Enzi le jeune   On est à bloc ! Les enseignants sont en pleine révolte !

Wang Lifa   Messieurs ? La « grève des cours » a changé de nom, c'est de la « révolte » maintenant ?

Tang le Devin le jeune   Et qu'est-ce que ça donne ?

Wu Xiangzi le jeune   Ils espèrent quoi, renverser le Ciel peut-être ? Pour l'instant, on en a déjà mis une bonne centaine au trou, on a cassé la gueule à 70 ou 80 autres, ça leur apprendra à se rebeller !

Song Enzi le jeune   'Sont même pas capables de voir où est leur intérêt ! Si seulement ils se tenaient tranquilles, les Ricains nous enverraient du bon riz et de la farine !

Tang le Devin le jeune   Bien parlé ! Messieurs, si vous trouvez du riz ou de la farine, ne m'oubliez pas ! Je m'engage à vous trouver le bon *fengshui* pour vos tombes. Bon ! Messieurs, je vous laisse bosser ! *(Il sort.)*

Wu Xiangzi le jeune   Je vous ai pas entendu demander, « faire grève » a changé de nom, c'est « révolte » maintenant ? Hein ? Patron ?

Wang Lifa Je suis vieux, je ne comprends plus très bien toutes ces choses nouvelles : il faut bien poser des questions !

Song Enzi le jeune Hng ! Vous êtes de mèche avec eux !

Wang Lifa Moi ? Vous m'accordez bien trop d'importance !

Wu Xiangzi le jeune On a à faire, on a pas de temps à perdre avec vous, alors soyez clair !

Wang Lifa Clair ? Clair comment ?

Song Enzi le jeune La révolte des profs : il y a un agitateur derrière tout ça !

Wang Lifa Qui ?

Wu Xiangzi le jeune Hier soir, qui a débarqué ici ?

Wang Lifa Kang Dali !

Song Enzi le jeune C'est bien lui ! Vous allez nous le livrer.

Wang Lifa Si j'avais su quel genre de type c'était, vous croyez que je vous en aurais parlé comme ça ? J'ai fréquenté vos pères pendant si longtemps, ça serait étonnant que je ne comprenne pas au moins ça !

Wu Xiangzi le jeune Pas la peine de prendre vos grands airs. Parlez, et pas de bobards !

Wang Lifa Je vous livre l'homme, ou bien vous me prenez mon argent, c'est ça ?

Song Enzi le jeune C'est bien mon père qui vous a dressé ! Ouais, si vous nous livrez pas le bonhomme, faudra allonger vos lingots ! Toutes les autres échoppes ouvrent et ferment en permanence, alors que vous avez tenu toutes ces années, vous devez bien avoir quelques réserves !

(Erdezi le jeune revient en courant.)

Erdezi le jeune Faut y aller vite ! On est pas assez nombreux dans la rue ! Vite !

Wu Xiangzi le jeune Petit con, c'était quoi ton boulot ?

Erdezi le jeune Mais j'ai pas chômé, regardez, j'ai même la gueule tout enflée !

Song Enzi le jeune Vous, le patron, on reviendra très bientôt, faudra voir à vous décider !

Wang Lifa Vous n'avez pas peur que je sois parti d'ici là ?

Wu Xiangzi le jeune Vieux fou, tu veux vraiment me foutre en rogne ! Tu peux bien te réfugier en enfer, nous pourrons quand même t'y rattraper. *(Il lui assène une gifle, et sort avec Song Enzi le jeune et Erdezi le jeune.)*

Wang Lifa *(Il crie vers l'arrière)* Petite Fleur ! Zhou Xiuhua !

Zhou Xiuhua *(Elle arrive en courant, avec sa fille)* J'ai tout entendu. Qu'allons-nous faire ?

Wang Lifa Partez vite ! Rattrapez Maman Kang ! Vite !

Petite Fleur Je vais chercher mon cartable.

Zhou Xiuhua Prends deux manteaux, Petite Fleur ! Père, comment allez-vous vous en tirer tout seul ?

Wang Lifa C'est ma maison, j'ai vécu entre ces murs et j'y mourrai aussi.

(Petite Fleur revient en courant, son cartable à l'épaule, quelques affaires dans les mains.)

Zhou Xiuhua Père !

Petite Fleur Grand-père !

Wang Lifa Ne vous affligez pas, et partez ! *(Il tire de sa poche tout l'argent qu'il a ainsi qu'une vieille photo)* Ma bru, prends cet argent, même si c'est peu. Petite Fleur, prends ça, c'est une photo de la maison Yutai prise il y a trente ans, tu la donneras à ton père ! Allez !

(Liu le Grêlé le jeune et Ding Bao rentrent.)

Liu le Grêlé le jeune Petite Fleur, les professeurs sont en grève, tu vas chez ta mamie ?

| **Petite Fleur** | Oui ! |

Wang Lifa *(Se pliant au jeu)* Ma fille, revenez bien vite !

Zhou Xiuhua Père, nous restons deux jours là-bas et nous rentrons.

Liu le Grêlé le jeune Patron, j'ai de bonnes nouvelles. Le directeur Shen a approuvé mon plan !

Wang Lifa Toutes mes félicitations ! Bravo !

Liu le Grêlé le jeune Vous pouvez vous réjouir pour vous aussi : il a aussi approuvé la rénovation de cet endroit ! Dès que je lui en ai parlé, il a dit : « Bien ! ». Enfin, il dit toujours « bien » comme un étranger, avec un accent bizarre : « Pien ! »

Wang Lifa Qu'est-ce que ça veut dire, tout ça ?

Liu le Grêlé le jeune Ça veut dire qu'à partir de tout de suite vous n'avez plus besoin de vous faire du souci ! C'est moi qui m'occupe de tout, vous avez qu'à vider les lieux ! Je vous le dis d'avance – ça évitera que vous me traîniez dans les pattes après.

Wang Lifa Moi ? Sûrement pas ! Et ça tombe bien, j'avais justement l'intention de déménager.

Ding Bao Petit Liu, le vieux gérant a passé tant d'années ici, vous n'allez pas prendre un peu soin de lui ?

Liu le Grêlé le jeune On verra ! J'ai toujours bien fait les choses. Patron, je vais aller chercher le directeur pour qu'il voie cet endroit. Rangez-moi un peu tout ça ! Ding Bao, toi tu vas trouver Petit Cœur, faut accueillir le chef dignement ! Amenez un peu de parfum et profitez-en pour asperger un peu partout, ça schlingue ferme ici ! Allons-y ! *(Il sort avec Ding Bao.)*

Wang Lifa Bien ! Vraiment très bien ! Parfait ! Ha ha !

(Quatrième Aîné Chang entre en scène, portant une petite corbeille. Dans celle-ci, un peu d'argent de papier à brûler et des cacahuètes. Bien qu'il ait passé les soixante-dix ans, son dos est à peine voûté.)

Quatrième Aîné Chang   Qu'y a-t-il de si réjouissant, mon vieil ami ?

Wang Lifa   Ayo ! Quatrième grand-frère Chang ! Je songeais justement à aller vous trouver pour bavarder un peu. Je vais préparer un thé, et du meilleur, nous allons le déguster ! *(Il va faire le thé.)*

(Qin Zhongyi rentre à son tour. Il est vieux et tout décrépit, et même ses habits sont des guenilles.)

Qin Zhongyi   Monsieur le gérant Wang est là ?

Quatrième Aîné Chang   Oui ! Vous êtes…

Qin Zhongyi   Mon nom est Qin.

Quatrième Aîné Chang   Monsieur Qin !

Wang Lifa   *(Apportant une théière)* Qui est là ? Ah ! Monsieur Qin ? Je voulais justement venir vous dire qu'il y allait y avoir des améliorations majeures par ici !

Quatrième Aîné Chang   Voilà quelques cacahuètes… *(Il en prend)* Du thé, des cacahuètes, c'est vraiment le bonheur !

Qin Zhongyi   Surtout si on peut les mâcher…

Wang Lifa   Eh oui, voyez comme la vie est bizarre : on se dégote à grand-peine quelques cacahuètes, mais on n'a plus de dents pour les croquer ! C'est le comble du ridicule. Comment allez-vous, Monsieur Qin ? *(Ils s'assoient tous)*

Qin Zhongyi   Personne d'autre ne voulant m'écouter, je suis venu vous parler… Je suis allé faire un tour à Tianjin pour jeter un coup d'œil à mon usine.

Wang Lifa   Elle n'avait pas été confisquée ? Ils vous l'ont rendue ? C'est fantastique !

Qin Zhongyi   Non : ils l'ont rasée !

Wang Lifa & Chang Rasée ?

Qin Zhongyi   Oui, rasée ! Quarante années à suer sang et eau, et ils l'ont rasée ! Monsieur le gérant, vous savez ce que d'autres ignorent : depuis mes vingt ans, je préconise l'industrialisation pour sauver le pays. Jusqu'à présent… on m'avait volé mon usine, bon, je n'avais pas assez de pouvoir pour m'y opposer. Mais si elle avait pu continuer à tourner, elle aurait au moins enrichi le pays et le peuple ! Résultat : ils l'ont démolie, et les machines se retrouvent en copeaux de métal. Un tel gouvernement, vous croyez qu'on en trouve ailleurs au monde un semblable ? Je vous demande un peu !

Wang Lifa   Et moi, avant, j'avais une bonne pension qui tournait bien, mais vous avez absolument tenu à la transformer en entrepôt. Et voyez, l'entrepôt est sous scellés et ils ont tout vidé ! Jadis je vous avais conseillé de ne pas vous débarrasser de tous vos biens, mais il a fallu que vous vendiez tout pour construire cette usine !

Quatrième Aîné Chang   Vous vous souvenez ? À l'époque, j'avais acheté un bol de nouilles à cette pauvre femme qui voulait vendre sa fille, et vous vous étiez moqué de moi.

Qin Zhongyi   Mais aujourd'hui j'ai compris ! Monsieur le gérant, je vous en supplie : *(Il sort quelques petites pièces de rechange mécaniques et le corps en acier d'un stylo à plume)* l'usine a été complètement rasée, voilà tout ce que j'ai pu récupérer là-bas. Mon nom est gravé sur ce stylo, lui seul sait combien j'ai signé de chèques et écrit de plans avec. Je vous donne le tout, et quand les choses iront mieux, vous pourrez plaisanter avec vos clients, vous leur direz : « Il était une fois un nommé Qin qui ne comprenait rien à rien, mais s'était lancé dans l'industrie. Et au bout de quelques dizaines d'années, voilà tout ce qu'il a pu ressortir du gros tas de terre qu'était devenue son usine ! » Vous devrez leur dire qu'il ne faut dépenser son argent qu'à se bâfrer, à boire, à jouer et à forniquer – à faire les quatre cents coups, pas à de bonnes actions ! Dites-leur bien que le dénommé Qin n'a saisi cette vérité profonde qu'à soixante-dix ans bien sonnés ! Un véritable abruti de naissance !

Wang Lifa Vous feriez mieux de garder votre stylo, moi-même je vais devoir très bientôt partir d'ici.

Quatrième Aîné Chang Pour aller où ?

Wang Lifa N'importe où, c'est partout pareil ! Messieurs, je ne suis pas comme vous deux. Monsieur Qin, vous étiez fortuné, travailleur et ambitieux – mais ce sont les plus grands arbres que le vent frappe en premier. Et vous, Monsieur Chang, votre vie entière vous avez refusé de vous soumettre, vous avez osé agir, lutter contre l'injustice. Mais moi ? Je suis resté toute ma vie un bon sujet, j'ai salué tout ce qui bougeait. J'espérais seulement que mes enfants réussissent, qu'ils n'aient ni froid ni faim, qu'ils ne subissent ni catastrophes ni maladies. Mais quand les Japonais sont arrivés, mon cadet Shuanzi a dû s'enfuir et ma femme en est morte de chagrin. Après des années de souffrances les Japonais sont enfin partis, et ai-je pu souffler ne serait-ce qu'un moment ?… Qui eût cru que… *(Il sourit tristement)* Ha ha ha…

Quatrième Aîné Chang   Je ne m'en suis pas mieux tiré que vous ! J'ai gagné mon pain à la force de mes bras, j'ai suivi ma conscience toute ma vie, mais je n'ai jamais rien accompli ! Et à soixante-dix ans passés, j'en suis réduit à vendre des cacahuètes ! Une personne, ça ne compte pas pour grand-chose, mais j'espérais… j'espérais… j'espérais seulement que notre pays se relève et ne soit plus humilié par les étrangers. Mais… ha ha ha !

Qin Zhongyi   Quand les Japonais étaient là, ils parlaient de coopération, et en effet ils ont « coopéré » mon usine à fond ! Quand notre propre gouvernement est revenu, je ne sais pas comment ça s'est fait mais mon usine a été classée « bien d'un traître » ! Et tout ce qu'il y avait dans l'entrepôt *(Il pointe du doigt en arrière)* a disparu ! Ha ha !

Wang Lifa   Et les rénovations et les améliorations, je ne les ai jamais oubliées. Je n'ai jamais voulu être à la traîne. Quand servir du thé n'a plus suffi, j'ai ouvert une pension. Quand la pension a fermé, j'ai essayé d'embaucher des conteurs ! Les conteurs n'ont pas non plus attiré la clientèle, bon, je n'ai pas eu peur de perdre ma réputation, j'ai même songé à recruter des hôtesses. Il faut bien vivre ! J'ai tout essayé, mais c'était juste pour pouvoir survivre. Oui, c'est vrai, quand il n'y avait pas moyen d'éviter la corruption, j'ai dû verser quelques dessous-de-table. Mais je n'ai jamais rien fait d'immoral, rien fait d'atroce, alors pourquoi ne me laisse-t-on pas vivre tranquillement ? À qui ai-je porté tort ? À qui ? Cet « Empereur » et cette « Altesse » de mes fesses et les gens dans leur genre, ils pètent tous dans la soie, pourquoi ne veulent-ils pas me laisser manger à ma faim ?

Quatrième Aîné Chang   Je voulais… je voulais, je voulais juste que les gens soient raisonnables et ne passent pas leur vie à se marcher sur la gueule ! Mais tout autour de moi, mes amis sont morts de faim ou se sont fait trucider, au point que je n'ai même plus assez de larmes pour pleurer ! Second Aîné Song, mon ami : mort de faim, et c'est même moi qui ai dû aller mendier pour lui payer un cercueil ! Il avait encore la chance de m'avoir, d'avoir quelqu'un qui pouvait aller mendier une pauvre boîte faite de quatre planches pour lui ! Mais moi ?… J'aime notre patrie, mais moi, qui m'aime ? Voyez *(Il prend de la monnaie de papier dans sa corbeille),* j'ai ramassé ces billets après le passage d'un cortège funèbre. Je n'ai pas d'habits funéraires, ni de cercueil, alors autant que je me prépare un peu de monnaie de papier ! Haha, haha !

Qin Zhongyi   Quatrième Aîné, que diriez-vous d'organiser notre propre cérémonie mortuaire ? Répandons la monnaie de papier, juste entre nous, les trois vieux fous !

Wang Lifa   Oui ! Selon les rites anciens ! Quatrième Aîné, à vous l'honneur !

Quatrième Aîné Chang   *(Se dresse en hurlant)* Porteurs d'étendards aux quatre coins, cette famille nous accorde cent vingt ligatures[14] ! *(Il disperse quelques billets.)*

Wang Lifa & Qin Zhongyi   Cent vingt ligatures !

Qin Zhongyi   *(Prend chacun des deux autres par une main)* Que dire de plus ? Au revoir ! *(Il sort.)*

Wang Lifa   Au revoir !

Quatrième Aîné Chang   Une dernière tasse de votre thé, à votre santé ! *(Il finit la tasse d'un trait)* Au revoir ! *(Il sort.)*

Wang Lifa   Au revoir !

(Ding Bao revient, accompagnée de Petit Cœur.)

Ding Bao   Ils arrivent, Grand-père ! *(Elle vaporise du parfum.)*

Wang Lifa   Tant mieux ! Qu'ils viennent, je débarrasse le plancher. *(Il ramasse la monnaie de papier et se dirige vers l'arrière.)*

Petit Cœur   Grand-père, pourquoi avez-vous répandu de la monnaie funéraire ?

Wang Lifa   Qui sait ! *(Il sort.)*

(Retour de Liu le Grêlé le jeune.)

Liu le Grêlé le jeune   Le voilà ! Placez-vous des deux côtés de la porte !

(Ding Bao et Petit Cœur se mettent au garde-à-vous à droite et à

---

14 Note originale de l'auteur : « Il y a trente ou quarante ans (*NdT : soit dans les années 1900-1910*), à l'occasion des cortèges funèbres d'un défunt riche, on employait 32, 48 ou 64 personnes pour porter le cercueil. Il y avait également quatre porteurs d'étendards qui se tenaient aux quatre coins du cercueil. Ils donnaient entre autres le signal des changements d'équipe de porteurs du cercueil, pour que cela se fasse de façon ordonnée. Le chef des porteurs poussait régulièrement des cris en semant de la monnaie de papier, et la famille devait alors distribuer de l'argent (vrai cette fois) aux porteurs, la somme en étant annoncée par le chef à haute voix, sur un mode théâtral.

Le directeur Shen *(Il commence par scruter Ding Bao et Petit Cœur, comme à l'inspection, et ne parle qu'à la fin de l'examen)* Pien !

(Ding Bao lui amène une chaise et le prie de s'asseoir.)

Liu le Grêlé le jeune Au rapport ! La vieille maison Yutai a ouvert ses portes il y a plus de soixante ans et est connue dans tout Pékin. Elle est très bien située et a une excellente réputation, ce qui convient parfaitement à notre future place forte ! Je compte continuer comme avant à servir du thé, en me servant de Ding Bao et de Petit Cœur ici présentes pour attirer le chaland *(Il les montre du doigt)*. Je serai là pour surveiller les individus de tous genres et de tous bords qui passeront par ici ; nous récolterons forcément un max de renseignements !

Le directeur Shen Pien !

(Ding Bao prend un paquet de Camel à l'un des PM, et s'avance pour offrir une cigarette à Shen. Petit Cœur prend un briquet et la lui allume.)

Liu le Grêlé le jeune Derrière, c'était un entrepôt ; vous vous êtes déjà occupé des marchandises, il est vide maintenant. Je compte le rénover pour y mettre une petite piste de danse, avec des chambres sur les deux côtés, chacune avec sa salle d'eau. Quand vous aurez des loisirs, vous pourrez venir danser un peu, jouer aux cartes, boire un café… S'il est tard et que vous souhaitez rester vous amuser, vous le pourrez. Cet endroit sera comme votre petit club privé. Avec moi aux commandes, ce sera sûrement un peu plus décontracté, un peu plus pratique et un peu plus animé que votre résidence officielle !

Le directeur Shen   Pien !

Ding Bao   Monsieur le Directeur, m'autorisez-vous à faire une suggestion ?

Le directeur Shen   Pien !

Ding Bao   Le vieux gérant de cet endroit me fait vraiment pitié. Ça serait pas mal de lui donner un uniforme et de le laisser devenir portier, pour saluer les hôtes de marque qui arrivent ou repartent en voiture ? Il est là depuis des dizaines d'années, tout le monde le connaît, il est un peu comme une veille marque de fabrique !

Le chef de bureau Shen   Pien ! Faites-le venir !

Liu le Grêlé le jeune À vos ordres ! *(Il court vers l'arrière)* Monsieur Wang ! Patron ! Vieil ami de mon père, mon vieux grand-père ! *(Il va à l'arrière. Un moment plus tard, il revient en courant)* Monsieur le directeur... au rapport ! Il s'est... il s'est... en quelque sorte... pendu... Il est mort !

Le chef de bureau Shen   Pien ! Pien !

Rideau

Fin de la pièce